世界共和国へ

――資本＝ネーション＝国家を超えて

柄谷行人
Kojin Karatani

岩波新書
1001

目次

序　資本＝ネーション＝国家について……1
1　理念と想像力なき時代　2
2　一九世紀から見た現在　8

第Ⅰ部　交換様式……17
1　「生産」から「交換」へ　18
2　「交換」の今日的意味　24
3　五つの社会構成体　31

第Ⅱ部　世界帝国……41
1章　共同体と国家……42
1　未開社会と戦争　42
2　国家の誕生　47
3　アジアの専制国家とギリシア・ローマ　52
4　封建制と自由都市　57

5　亜周辺のゆくえ　60

2章　貨幣と市場　65

1　商品交換とは何か　65
2　未開社会と原始社会　67
3　貨幣の起源　72
4　商品資本と金貸し資本　76
5　国家・貨幣・交易　81

3章　普遍宗教　88

1　普遍宗教と預言者　88
2　自由の相互性をめざして　94

第Ⅲ部　世界経済　105

1章　国　家　106

1　世界帝国から世界経済へ　106
2　絶対主義国家の誕生　110

3　国家と暴力　113
4　官僚支配と福祉国家　119
5　国家の自立性　124

2章　産業資本主義　131
1　マニュファクチュアの時代へ　131
2　生産＝消費するプロレタリア　134
3　技術革新による存続　140
4　自己再生的システム　143
5　資本の限界　147
6　資本への対抗　152

3章　ネーション　157
1　ネーションの誕生　157
2　共同体の想像的回復　162
3　想像力としてのネーション　166
4　美学と想像力　170

5　ボロメオの環　174
4章　アソシエーショニズム……179
1　カントの構想　179
2　プルードンの構想　185
3　軽視された国家　189
4　アソシエーショニズムのために　194
第Ⅳ部　世界共和国……203
1　主権国家と帝国主義　204
2　「帝国」と広域国家　211
3　マルチチュードの限界　215
4　世界共和国へ　219
あとがき……227

序　資本＝ネーション＝国家について

1　理念と想像力なき時代

三つの接合

一九九〇年ごろから資本主義のグローバリゼーションということがいわれるようになりました。旧ソ連圏が崩壊し、資本主義的な市場経済がグローバルになったためです。しかし、グローバリゼーションということは、ある意味で、近代の資本主義にとって前提となるものです。そもそも、それは世界市場の生成によって始まったのです。具体的にいうと、ヨーロッパやインドや中国など、それまで相互に切り離された各地の「世界帝国」の交易圏が結びつけられた。それが世界市場です。いわゆる「世界帝国」は事実上ローカルでしかなかった。近代の世界市場において初めて、真の意味で一つの世界、もはやその外部がないような世界が成立したのです。

グローバリゼーションによって、国民国家(ネーション＝ステート)の存在が危うくなっているといわれます。商品だけでなく、資本や労働力が自由に移動するようになると、確かに、国民国家の輪郭がゆらいできます。しかし、注意しておきたいのは、近代の国民国家がそもそも資本主義のグローバリゼーションの中で形成されたということです。国民国家は、その内部だけで考えることはできません。それは、つねに、他の国家や資本との関係に左右されます。

国民国家は、世界資本主義の中で、それに対応し、また、それがもたらす諸矛盾を解決しようとします。たとえば、資本制経済は、放っておけば、必ず経済的格差と対立に帰結する。だが、ネーションは共同性と平等性を志向するものであるから、資本制がもたらす格差を解決するように要求する。そして、国家はそれをさまざまな規制や税の再配分によって実現する。資本制経済もネーションも国家もそれぞれ異なる原理なのですが、ここでは、それらが互いに補うように接合されています。私はそれを、「資本＝ネーション＝国家」と呼びたいと思います。

福祉国家から「安い政府」へ

しかし、資本、ネーション、国家の接合は、危ういバランスによって存在するものです。それは一国の内部だけで考えることはできません。たとえば、福祉国家を例にとってみます。そこでは、資本＝ネーション＝国家という三位一体が最もうまく機能しているようにみえます。しかし、これは二〇世紀後半、いわゆる「社会主義」に対する危機感から、先進資本主義国家がとった形態です。だから、一九九〇年以後、「社会主義」圏が消滅すると、福祉国家への動機がなくなります。その結果、「安い政府」が主張されるようになりました。資本が海外に出て行って、自国の労働者が失業しても構わない、それより、資本の利潤を優先すべきだ、結局、それが国民の利益にかなうことになる、という主張が、まかりとおるようになったのです。

そのような新自由主義に対する反対は各地にありますが、おおむね排外的ナショナリズムか文化的・宗教的な原理主義になってしまい、それらを超える普遍的な理念をもちえないでいます。現在の姿を見るために、ほんの少し前にどうであったかをふりかえってみましょう。

国家の四つのタイプ

たとえば、言語学者ノーム・チョムスキーは一九七一年に「未来の国家」という講演でつぎのようにのべました。彼は産業的先進国でとりうる国家の形態は四つあるというのです。リベラリズム、福祉国家資本主義、国家社会主義、リバタリアン社会主義です。これらは、図1のような、座標にまとめることができます。タテ軸が統制と自由、ヨコ軸が不平等と平等をあらわしています。

国家社会主義(A)とはいわゆる共産主義のことで、具体的には、ソ連のような国を指します。この当時、ソ連は産業的先進国とみなされており、また、途上国にとって工業化のモデルとされていました。つぎに、福祉国家資本主義(B)とは、ケインズ主義的・福祉国家的な体制です。これは、社会民主主義といいかえてもよいでしょう。リベラリズム(C)とは、チョムスキーはフンボルトの思想を例にとって語っていますが、むしろアダム・スミス以来の経済的自由主義

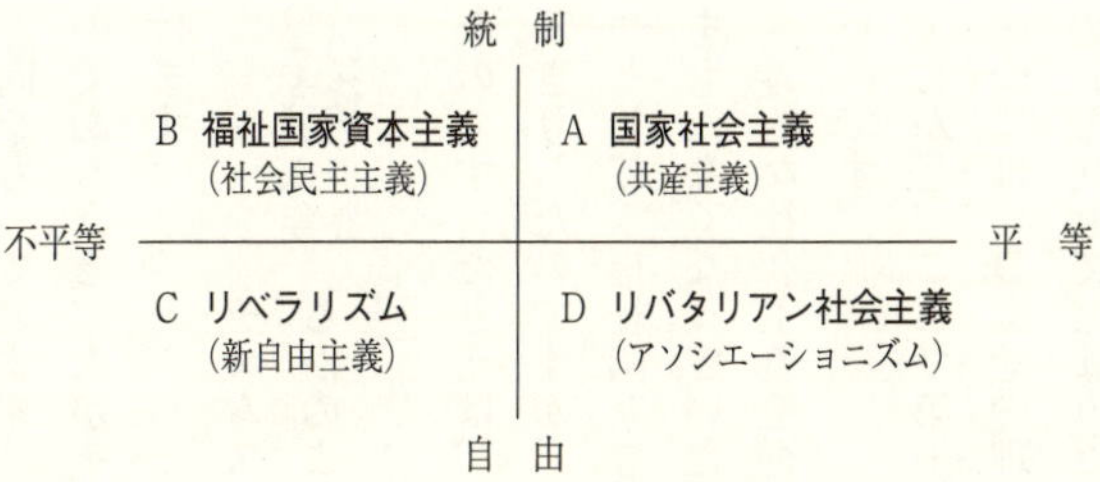

図1 国家の四つの形態

だといってよいと思います。この時期では、それはハイエクに代表されます。ハイエクは、ケインズ主義や社会民主主義を、国家社会主義(A)ではないにしても、国家を強化し「隷属への道」につながると批判した。リベラリズム(C)は、現在も新自由主義という名で存続しています。

最後に、チョムスキーが最も好ましいという形態は、リバタリアン社会主義(D)です。これは、福祉国家資本主義(B)を否定しながら、同時に、国家社会主義(A)への道を拒否し、「リベラルな社会主義」を求めるものです。チョムスキーはアナキズムや評議会コミュニズムをここに入れています。私は、さまざまな名称との混同を避けるために、これを「アソシエーショニズム」と呼ぶことにしました。

これがA、B、Cと異なるのは、どの国でも実際に存在したことがないという点です。A、B、Cが資本、ネーション、国家のどれかに従属しているのに対して、Dは、それらを出ようという志向をもっています。これはむしろ現実的には存在しえないものです。しかし、無限に遠いものであろうと、人がそれに近づこうと努めるような「統整的理念」(カント)として機能しつづけます。

一九六八年の後の世界

チョムスキーはこの講演で、これら四つの形態を人が任意にえらべる選択肢であるかのように語っていますが、今からふりかえると明らかなように、これらは「一九六八年」の時点で存在した世界の構造であり、もはや存在していないものなのです。たとえば、国家社会主義(A)の消滅は、一九九〇年ごろソ連圏が崩壊することではっきりしたのですが、それ以前から、先進国ではもう影響力を失っていました。その理由の一つとして、福祉国家(B)が実現されて、社会主義は失業がないとかいうことだけではもう魅力をもたなくなっていたことがあげられます。リバタリアン社会主義(D)は、ソ連のような国家主義的な社会主義を否定するだけでなく、福祉国家的な資本主義を否定するものとして出てきたのです。

しかし、ここで第一に注目すべきことは、Aの消滅とともに、Dも衰退したということです。一つには、Dもその理念を性急に実現しようとして、Aと似たもの、あるいはもっと残虐なものに転化してしまうというような事件がおきたからです。それは日本では連合赤軍事件や新左翼の内ゲバとして知られています。そのため、一切の「理念」を物語として否定する風潮が支配的になりました。それがポストモダニズムと呼ばれるものです。これは、ソ連圏が永続すると思われた間はまだ一定の批判性をもっていましたが、一九九〇年代には、たんに資本と国家の野放図な動きを皮肉っぽく肯定するシニシズムになってしまいました。

理念と想像力なき時代へ

Dが衰退したということは、資本＝ネーション＝国家を超えて、その外を見るような理念あるいは想像力が衰退したということです。最初に述べたように、福祉国家・社会民主主義（B）はもともと、国家社会主義（A）に対抗するという動機で成り立っていたものだから、Aがなくなれば、Bへの誘因も弱まるのです。となれば、対抗するものをなくした、リベラリズム（C）、というよりグローバル資本主義が、わがもの顔で世界を席巻するのも当然です。現在、それに対抗するのは、社会民主主義（B）ですが、これも、リベラリズムを前提した上での、ささやかな抵抗と補正にすぎず、何か新たなものを開示するものではない。

たとえば、アメリカでは、二大政党の民主党と共和党が争っていますが、ある意味で、その差異はほとんど無いに等しい。このことは、その名称は違っても、一般に、産業的先進国において生じている現象です。そのため、選挙で、しばしば政権が交代するということがありうると同時に、どちらが勝とうと大した差が生じないということから、選挙に関する無関心が広がります。こうしたアパシー（無関心）は、この二つ以外の選択肢がないということから来ています。Dという理念あるいは想像力がないということが、このようなアパシーをもたらしているのです。

両極分解する途上国

ここまで述べてきたのは、産業的先進国についての話ですが、途上国はどうでしょうか。かつて第三世界として立場の同一性を確認しあった諸国は、グローバリゼーションによって両極に分解してしまった。一方では、中国やインドのように工業化が進み、他方では、アフリカ諸国のように壊滅的な状態になっています。また、一部に国家社会主義（A）は残っていますが、もはや何の牽引力もない。一般的に社会主義という理念が消えたのち、その空洞を埋めたのは、宗教的なファンダメンタリズム（原理主義）です。これはある意味で、資本＝ネーション＝国家を超えようとする運動なのですが、結局、教会＝国家、つまり、Aと似たものに帰着するほかありません。

2 一九世紀から見た現在

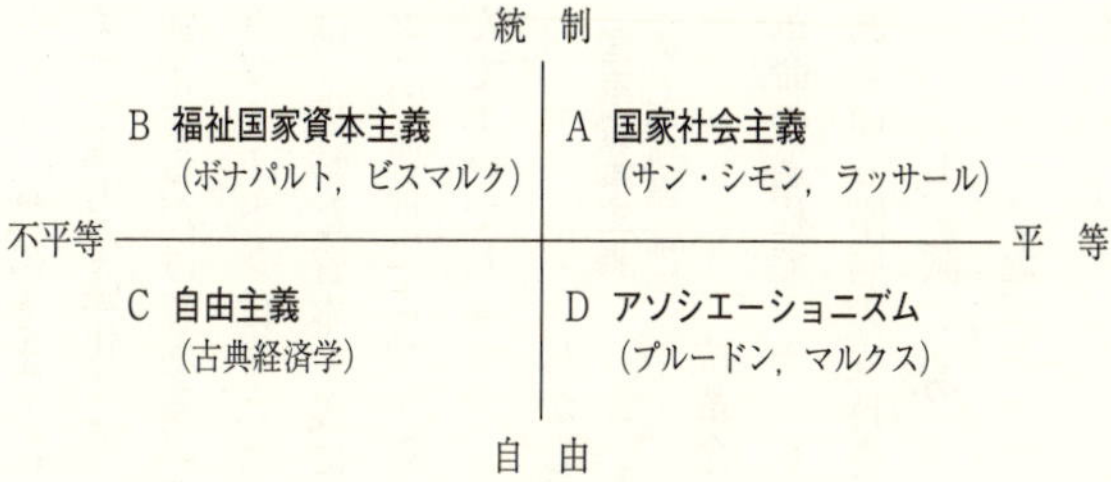

図2　19世紀の構図

一八四八年と二つの社会主義

チョムスキーが一九六八年の時点で見いだした四つの社会形態は、別に新しいものでありません。歴史家のイマニュエル・ウォーラーステインは、一九六八年に生じたのは一八四八年以来の世界革命だとはいっていますが、その観点からみると、確かに、一九六八年にあったものはすべて、一八四八年のヨーロッパ革命の時点に存在したものです（図2）。チョムスキーがいう「リバタリアン社会主義」も、まさにその時期に出てきたのです。

一八四八年の時点で、有力だった社会主義には二種類あります。一つは、サン・シモンやルイ・ブランなどに代表されるもので、国家による産業化と「配分的正義」の実現をめざすものです。これは、国家社会主義（A）だといってよいでしょう。しかし、これはフランス革命以来のジャコバン主義（国家権力を握って改革を強行するという考え）を受け継ぐものです。

そのようなジャコバン主義を否定した社会主義者が、プルードンです。彼の考えでは、「配分的正義」つまり富の再配分は、それを実行する国家（官僚・政治家）の権力を強化する。つまり、国家権力をにぎってなされる革命は、国家をべつのかたちで強化するだけである。それに対して、社会主義は、国家を揚棄するものでなければならない、とプルードンは考えました。そこで、彼は、政治的革命に反対して経済的革命を唱えた。それは、貨幣と資本主義に対して、代替通貨、信用、そして生産ー消費協同組合（アソシエーション）の連合によって対抗するというものです。ゆえに、これをアソシエーショニズム（D）と呼んでよいでしょう。

国家資本主義の「対抗革命」

しかし、一八四八年の革命において注目すべきことは、AもDも敗北したということです。それらの挫折がもたらしたのは、こうした社会主義に対する「対抗革命」として生じた福祉国家資本主義（B）です。たとえば、フランスでは、革命の過程で、ナポレオンの甥であるということ以外に何者でもなかったルイ・ボナパルトが、あらゆる階層の支持を得て、大統領になり、さらに皇帝に就任しました。彼は社会主義者（サン・シモン派）であり、国家による産業発展と同時に、労働者の保護や社会福祉を実現しようとした。また、ドイツでは一八四八年の革命において、ビスマルクが登場しています。彼は以後宰相となって、プロシャの飛躍的な工業化を進めると同時に、社会主義的な労働者対策をとっています。ここに、福祉国家資本主義(B)のプロトタイプがあるといっていいでしょう。

このような福祉国家資本主義は、一方で、労働運動や社会主義運動に対処するものですが、他方で、当時経済的・軍事的に世界を圧倒していたイギリスに対抗して、工業化を急速に実現するために国家がとった政策です。リベラリズム(C)とは、圧倒的な経済的ヘゲモニーをもった国でのみとりうる政策であって、他の国はそれに対して保護主義的に対抗するほかない。しかし、イギリスではリベラリズムでありながら、一八四八年以後、労働組合の保護や社会福祉政策などが急速に進んだことを見逃してはならないでしょう。フェビアン協会のような社会民主主義が出現したのは、イギリスが最初です。

節目としての一八七〇年

さて、一八七〇年は、一九九〇年と同じような区切り目となる年です。この年、一八四八年以後に国家資本主義によって急激に重工業化を遂げたフランスとプロシャの間に戦争が起こりました。勝利したプロシャは、南北戦争(一八六五年)によって統一を遂げたアメリカ合衆国と並んで、イギリスの自由主義的帝国に挑戦するようになります。さらに、明治維新(一八六八年)以後に、プロシャをモデルにして急速な産業革命をとげた日本も、そこに加わります。すなわち、帝国主義時代は実質的に一八七〇年から始まるといってもいいのです。

もう一つ、一八七〇年が重要なのは、プロシャに敗北したフランスで、翌年パリ・コンミューンが生じたことです。これはある意味で一八四八年の革命の延長でした。つまり、リバタリアン社会主義(アソシエーショニズム)がその最後の光芒を放つものだったといっていいでしょう。それ以後、社会主義運動はまったく違ったものになります。

マルクスは国家をどう考えたか

ここで付け加えると、マルクスはどこに位置するでしょうか。一般に、マルクスはアナキストと対立する国家社会主義者(A)と考えられています。マルクス主義者の中にそういう人が多いのは事実ですが、マルクスはそうではなかった。彼の社会主義理念は、明らかに、プルードンのものです。たとえば、『共産党宣言』(一八四八年)でも、マルクスはコミュニズムを「自由なアソシエーション(連合体)」だといっています。また、彼はプルードン派と一緒に活動し、プルードン派によって構想され実行されたパリ・コンミューンを支持しました。また、国家社会主義者ラッサールの意見にもとづく社会民主党の「ゴータ綱領」を痛烈に斥《しりぞ》けています。このように、マルクスはたえずプルードンを批判しながらも、社会主義に関して、初期から一貫してプルードンの考えを受け継いでいました。

しかし、問題はむしろそのことにあるのです。プルードンは、経済的な階級対立を解消してしまえば、そして、真に民主主義を実現すれば、国家は消滅すると考えました。国家がそれ自体、自立性をもって存在するということを、彼は考慮しなかった。実は、マルクスはこのような考えも受け継いだのです。彼が、一時的に国家権力を握り「プロレタリア独裁」によって、資本制経済と階級社会を揚棄してしまうというブランキの戦略を承認したのは、そのためです。つまり、彼が国家権力奪取を志向したのは、国家主義的だったからではない。現実に資本主義経済を変えようとすれば、国家の力が必要である、そして、国家によって資本主義経済と階級社会を揚棄すれば、国家は自然に消えてしまう、と考えたからです。

ゆえに、マルクスの欠陥は国家主義にあるのではなく、むしろ、国家の自立性を見ないアナキズムにこそあるのです。さらに、マルクスは民族問題に関しても楽天的な見通しをもっていました。民族の差異は世界資本主義の浸透によって消滅するだろうと考えていました。このような欠陥はマルクスが生きていたときには、何ら問題にならなかった。というのも、マルクスは現実の運動で影響力をもったことが一度もないからです。しかし、このような欠陥は、のちに権力を握ったマルクス主義者によって増幅されたかたちであらわれることになったのです。その結果、マルクス主義者の運動はまさに「国家社会主義」的なものに転化してしまった。また、それはいつも民族の問題に躓《つまず》き、ファシズムに屈服するか、さもなければ、自らナショナリズムを称揚するようになったのです。

分岐した社会主義

どうしてそのようなことになってしまったのでしょうか。一八七〇年以前には社会主義運動を担った人たちは、主に職人的労働者であり、独立心が強く組織を嫌うアナキストでした。しかし、一九世紀末、重工業化が進む時期には、その基盤はなくなります。それで、アナキストも労働組合に依拠するサンディカリストに転じたのですが、一般的にいって、アナキストは革命家というよりも反抗者です。革命騒ぎは大好きだけれども、地道な政治・経済的な問題にとりくむことができないタイプの人が多い。彼らは組織と権力を嫌い、国家を否定するという理由から現実的な改革には関与しないし、選挙にも行かない。そのような「リバタリアン社会主義」に嫌気がさした人たちが、国家社会主義(A)や福祉国家主義(B)に向かったとしても仕方がないといえましょう。

実際、一九世紀末から、社会主義運動はこの二つに分かれていきます。その一つは、エンゲルスの相続人であったベルンシュタインに代表される社会民主主義(福祉国家主義)であり、他方は、レーニンに代表されるロシアのマルクス主義(ボルシェヴィズム)です。後者は、ロシア革命の結果として絶大なる影響力をもつようになりましたが、結局、国家社会主義(スターリン主義)に帰結し、社会主義そのものへの幻滅をもたらすことになりました。レーニンがプロレタリア独裁のあとに死滅すると想定した国家が、官僚体制とともに、この上なく強固になっていったからです。そして、それに対する批判として、一九六〇年代に初期マルクスやプルードンを復活させる運動、つまり「リバタリアン社会主義」が出てきたというわけです。

しかし、すでにのべたように、国家社会主義が衰退しただけでなく、同時にリバタリアン社会主義も衰退してしまった。なぜこうなるのでしょうか。リバタリアン社会主義(アソシエーショニズム)がたんなる理念であって、現実的でないから、というだけではありません。そこに資本、ネーション、そして国家に対する認識が欠けていたからです。それは一九六八年に欠けていただけでなく、一八四八年においても欠けていた。アソシエーショニズムは、資本、ネーション、国家を拒絶します。それはいいのですが、なぜそれらが存在するのかを十分に考えていない。だから、結局、それらに躓くことになったのです。今日、たとえリバタリアン社会主義の類が復活したとしても、資本、ネーション、国家に対する認識がないならば、同じ轍を踏むことになるでしょう。

この本で何を考えるのか

私が本書で考えたいのは、資本＝ネーション＝国家を超える道筋、いいかえれば「世界共和国」に至る道筋です。しかし、そのためには、資本、ネーション、国家がいかにして存在するのかを明らかにする必要があります。資本、ネーション、国家はそれぞれ、簡単に否定できないような根拠をもっているのです。それらを揚棄しようとするのであれば、まずそれらが何であるかを認識しなければならない。たんにそれらを否定するだけでは、何にもなりません。結果的に、資本や国家の現実性を承認するほかなくなり、そのあげくに、「理念」を嘲笑するに至るだけです。

第Ⅰ部　交換様式

1 「生産」から「交換」へ

史的唯物論への疑問

資本とネーションと国家について考えるとき、私が参照したいのはマルクスです。というのは、マルクスだけがそれらに関して、包括的な把握を示したからです。しかし、すでに述べたように、そこには国家やネーションに関する認識上の欠落があります。たとえば、マルクスはつぎのように書いています。

わたくしの研究にとって導きの糸として役立った一般的結論は、簡単につぎのように公式化することができる。人間は、その生活の社会的生産において、一定の、必然的な、かれらの意志から独立した諸関係を、つまりかれらの物質的生産諸力の一定の発展段階に対応する生産諸関係を、とりむすぶ。この生産諸関係の総体は社会の経済的機構を形づくっており、これが現実の土台となって、そのうえに、法律的、政治的上部構造がそびえたち、また、一定の社会的意識諸形態は、この現実の土台に対応している。物質的生活の生産様

式は、社会的、政治的、精神的生活諸過程一般を制約する。（『経済学批判』序言、武田隆夫ほか訳）

このような見方は、のちにエンゲルス以下のマルクス主義者によって「史的唯物論」と呼ばれています。ここで問題があるのは、国家を、文学や哲学その他と同じようなものであるかのように「上部構造」においたことです。しかし、国家が経済的な下部構造の上にある上部構造だというような見方は、近代資本主義国家以後にしか成立しません。それ以前においては、国家（政治）と経済とに、はっきりした区別はありえないのです。

たとえば、原始社会（部族的共同体）においては、そもそも国家がなく、したがって、経済的な構造と政治的な構造の区別はありません。また、「東洋的国家」においても、国家装置（軍・官僚・警察機構など）は、経済的な意味での支配階級の上にあるものではない。皇帝・王とそれを支える官僚層全体が、まさに経済的な意味での支配階級なのです。

「生産様式」がもたらす誤謬

マルクスは「経済的社会構成体が進歩してゆく段階として、アジア的、（古典）古代的、封建的、および近代ブルジョア的生産様式をあげることができる」と書いています（同前）。しかし、資本制以前の社会構成体においては、国家もいわば生産様式の一部です。つまり、そこでは経済的構造と政治的構造の区別がありません。にもかかわらず、「生産様式」という観点に立つと、まるでそのような区別があるかのように見えてしまいます。したがって、このような混乱を避け、資本制以前をふくめて社会構成体の歴史を普遍的に見るためには、「生産様式」という言い方をやめたほうがよいのです。

マルクスは「経済学批判序説」で、個人と個人の間の商品交換からはじめるアダム・スミスに対して、それは近代社会での在り方を原始段階に投影することだと批判しました。だが、そうだとしたら、史的唯物論にも同じ誤謬《ごびゅう》があるといわねばならないでしょう。

「生産様式」から「交換様式」へ

マルクスが経済的な下部構造を重視したのは、人間をまず自然との関係において見るという観点をとったからです。そのために彼は、人間が自然に働きかけて財を作り出す「生産」を重視した。さらに、彼は、生産が人間と人間の関係を通してなされること、いいかえれば、一定の生産関係の下で生産がなされることを見た。それが生産様式という概念です。

本来、生産様式とは、生産が一定の交換や分配の形態でなされる形態を意味します。つまり、生産があって、そののちに交換・分配がなされるのではない。ところが、「生産様式」という表現をとると、交換や分配が二次的なものとみなされてしまいます。

たとえば、原始的氏族的生産様式という場合、それは狩猟採集というようなこと――人間と自然の関係――を指すのではありません。それは、生産物が互酬によって全員に配分されるような生産の様式――人間と人間の関係――を指します。であれば、それは生産様式というよりも、「交換様式」と呼ぶべきだと思います。

その場合、交換様式は一つではありません。交換は普通、商品交換のようなイメージで考えられています。それは相互の合意と契約によって成立するものです。しかし、そのような交換は、交換一般の中ではむしろわずかの部分でしかありません。

交換としての互酬

たとえば、マルクスは商品交換が共同体と共同体の間に成立するということを強調しました。では、共同体の中では交換がないか、といえば、そんなことはない。商品交換とはちがった交換の原理がある。それが贈与と返礼という互酬(reciprocation)です。

人類学者マルセル・モースは、未開社会において、食物、財産、女性、土地、労働、儀礼等、さまざまなものが贈与され、かつ返礼される互酬的システムに、社会構造を形成する原理を見いだしました。むろん、こうした互酬的交換は未開社会に限定されるものではなく、一般にさまざまなタイプの共同体に存在しています。それは資本制市場経済が浸透した現在では希薄化

B 再分配 （略取と再分配）	A 互酬 （贈与と返礼）
C 商品交換 （貨幣と商品）	D X

図３　四つの交換

しつつありますが、少なくとも家族の中には確実に存続しています。たとえば、親が子供の面倒を見るのは、贈与です。その場合、子供は大きくなって親にお返しをするかどうかわからないが、少なくとも、「恩」を感じる、あるいは債務感をもつでしょう。それはここに一種の「交換」があることを意味しているのです。互酬とは、このように、むしろ交換とは見えないような交換です。

交換としての再分配

つぎに、共同体と共同体の間では、商品交換より先に、相手から暴力的に略奪する可能性があります。そして、それが継続的なものである場合、そこに貢納制国家が成立します。その場合、他の共同体から継続的に略奪するためには、一方的な強奪だけではなく、さまざまな意味での「再分配」が必要です。それは、治水灌漑《かんがい》などの公共事業、福祉、安全の確保というかたちをとります。ゆえに、それは実際にも、一種の交換として表象されるのです。私は、この交換様式を再分配と呼びます。これも一見して交換とは見えないような交換です。

商品交換と交換X

つぎに、商品交換はどうか。それは前の二つと違って、相互の合意にもとづきます。では、そこにまったく対等な人間の関係があるかといえば、そうではありません。商品交換は現実には、貨幣と商品の交換です。マルクスがいったように、貨幣には商品との「直接交換可能性への質権」がある(『資本論』)。貨幣を持つ者は暴力的強制によらなくても、他人の生産物を取得し、他人を使役することができる。すなわち、貨幣を持つ者と商品を持つ者とは、対等な関係にありながら、実はそうではない。ここではむしろ、交換ではないものが、合意にもとづく交換であるかのように表象されているわけです。

さらに、私は、この三つのタイプの交換のほかに、もう一つの交換様式をXとしてあげておきます。これは現実に存在しているわけではないが、つねに理念としてありつづけるような形態です。

まとめていうと、交換様式は、互酬、再分配、商品交換、そしてXというように、四つに大別される。これらは図3のような座標に示されます。

2 「交換」の今日的意味

私はマルクスがいったことを、「生産」ではなく「交換」という観点から見直し、また、交換を広い意味で考えようとしています。しかし、これは必ずしも、マルクスを否定することにはならない。実は、マルクスは若いとき「交換」と同じように広い意味で、「交通」という概念を頻繁に用いていたのです。たとえば、『ドイツ・イデオロギー』では、交通という語はつぎのように使われています。それを四ヶ所から引用します。

「交換」と「交通」

貨幣によって、あらゆる交通形態と交通それ自体とが、諸個人に偶然的なものにされる。したがって貨幣のうちにすでに、いままでの交通が、すべて決められた諸条件のものにおける諸個人の交通ではなかったということが内在する。

分業のそのつぎの拡大は、生産と交通との分離であり、商人という特殊な階級の形成だった。

いままでのすべての歴史的段階に存在する生産諸力によって制約されていながら、またこれらを制約もしているところの交通形態は、市民社会である。これは、まえにのべたところからもすでにわかるように、単純家族と複合家族、いわゆる種族制をその前提および基礎としており、そしてそのくわしい規定はまえにのべたところにふくまれている。

征服する蛮族のばあいには、すでにうえにふれておいたように、戦争そのものがまだ一つの正常な交通形態である。（『ドイツ・イデオロギー』、古在由重訳）

右の例は、交通という概念が、家族や部族のような共同体、さらに、共同体と共同体の間の交易、さらに戦争までをふくんでいることを示しています。それは交換を広い意味で考えるのと同じことです。それに対して、この時期、マルクスは生産様式という語を狭い意味で用いています。のちに生産様式と呼んだものを、彼はこの時期、交通形態と呼んでいたのです。

ヘスの交通論と有機的共同社会

交通という概念を最初に提唱したのは、モーゼス・ヘスです。彼は、マルクスより少し年長の青年ヘーゲル派（ヘーゲル左派）の哲学者で、フォイエルバッハの宗教批判(自己疎外論)を、国家や資本の批判に転化・拡張した最初の人物です。彼は『貨幣体論』という本で、交通という概念を提起しました。それによって、人間と自然、人間と人間の関係をとらえようとした。

ヘスは、第一に、人間と自然の関係を「物質代謝」(Stoffwechsel)という観点からとらえた。ドイツ語では、代謝(Wechsel)は交換を意味するので、人間と自然の関係は交換あるいは交通ということになるのです。

つぎに、ヘスは人間と人間の交通形態として、「略奪と奴隷制」、さらに「商品取引」をあげています。彼の考えでは、商品取引という形態が拡大すると、それは略奪と奴隷制(つまり、暴力によって人の生産物を奪うかもしくは人に労働させる)にとってかわるが、結局、それを別の形、つまり、貨幣によって行うことに帰結する。貨幣をもつことで、人は他人を強制することができるからです。そこでは、各人の諸能力は、貨幣というかたちで疎外されている。

さらに、ヘスは、真に共同的であるような交通形態は、資本主義経済のあとにのみありうると考えました。すでに資本制生産において人々は資本の下で協業しているのですが、資本を廃棄し、自分たちが共同で働くようにすれば、「有機的共同社会」が真に実現されるだろう、と。これは、プルードンによって提唱されていた「アソシエーション」あるいは協同組合的生産の言い換えです。実は、マルクスもこのような考えを終生保持したのです。

マルクスへの影響

このようにみれば、マルクスが『経済学・哲学草稿』（一八四四年）の段階で、ヘスの「交通」論の影響を受けていたことは明らかですが、それは先ほど引用したように、『ドイツ・イデオロギー』にも受け継がれています。

ところが、その後、経済学研究に深入りするにつれて、マルクスはなぜか、交通という言葉をキーワードとしてもちいなくなりました。それは、彼が『資本論』において、交通の一形態、すなわち、共同体と共同体の間に生じる交易（商品交換）が拡大することによって成立した資本制経済の研究に専念したということと切り離せないでしょう。おそらく、このことが、国家や共同体、ネーションといった領域に関する考察を二次的なものにしてしまったのです。したがって、それらの問題を包括的に扱うためには、交通という概念にもどって見る必要があります。私が交換という言葉を広い意味で使うのは、その意味においてです。

人間と自然の交換が生み出すもの

しかし、生産というかわりに交換という言葉を用いることは、今日では特に、重要な意味をもっています。先にのべたように、マルクスが「生産」という概念に固執したのは、若い時期から一貫して、人間を根本的に自然との関係の中において見る視点をもっていたからです。彼はそれをヘスにならって、「物質代謝」として見ていました。いいかえれば、「交換」として見ていた。それがなぜ大切なのでしょうか。

たとえば、何かを生産することは、ある素材（マテリアル）を変形することですが、それは同時に、不要な廃棄物を産出することになります。物質代謝という観点から見ると、この廃棄物は再処理されなければならない。たとえば、地中の微生物が廃棄物を処理して再使用できるようにするというのが、自然界のエコシステム（循環系）です。資本制工業生産がはじまるまで、生産はエコシステムを決定的に破壊することはなかった。人間が生みだした廃棄物は自然によって処理されてきたのです。それが人間と自然の物質的交換（代謝）ということです。

ところが、「生産」は一般に、廃棄物を無視して考えられています。そして、その創造性のみが評価される。ヘーゲルのような哲学者がとらえてきた生産とは、そのようなものだといってよいでしょう。けれども、そのようなヘーゲルの考えを観念論だといって攻撃したマルクス主義者は、実は生産を唯物論的に見なかったのです。つまり、生産が廃棄物を伴うことを見なかった。だから、彼らは生産を十分に肯定的にのみとらえてきたわけです。そして、悪いのは、人間による人間の搾取、あるいは階級支配である、と。

その結果、一般的に、マルクス主義者は、生産力あるいは科学技術の進歩に関して無邪気なまでに肯定的でした。だから、エコロジストがマルクス主義者を批判するのは、的はずれではありません。しかし、マルクスはそうではなかった。たとえば、彼は『資本論』で、土壌化学の創始者といわれるドイツの農業化学者リービッヒが、化学肥料によって自然界のエコシステムが破壊されることを指摘したことに注目し、その仕事を称賛して、つぎのように述べています。

マルクスが批判した自然の破壊

資本主義的農業における進歩はすべて、労働者から略奪するだけでなく、土壌からも略奪するようなやり方で進む。一定の期間だけ土壌の肥沃度を増加させるプロセスは、その肥沃さを長期にわたって維持する基盤を破壊するプロセスである。アメリカ合衆国のように、発展の背景に大規模な産業をもつ国家では、この破壊のプロセスはより急速に進む。したがって、資本主義的生産が技術と生産の社会的プロセスの結合とを発展させるのは、同時に土壌と労働者という、すべての富の本来の源泉を害することによってのみ可能である。

(『資本論』第一巻)

マルクスはここで、産業資本が労働者を搾取するだけでなく、いわば自然を搾取＝開発(exploit)すること、それによって「土壌と人間」という自然を破壊してしまうことを批判しているのです。そして、つぎのように述べます。《このことから学ぶべき教訓は、資本主義体制は合理的農業とは逆方向に進むものであり、合理的農業は資本主義体制とは両立不可能(たとえ資本主義体制が農業における技術発展を促進したとしても)である。合理的農業に必要なのは、自分自身のために畑を耕す小規模な農民または連合した生産者たちを管理していくことである》(同前)。この構想は、資本主義的大農場だけでなく、国営の大集団農場という考えとも異なるものです。ここで、マルクスは、農業経営が小生産者たちのアソシエーション(連合)であるべきだといっているのです。

自然破壊への視点

産業廃棄物が自然のエコシステムを回復不可能なものとするにいたるのは、化石燃料、特に石油を使うようになってからです。石油はエネルギー源だけでなく、洗剤、肥料、その他の化学製品の原料としても用いられる。それが環境問題を深刻なものとしています。

ただ、これをたんに環境問題に限定してしまうことはまちがいです。環境問題は人間と自然の交換関係からくる問題なのですが、それは人間と人間の交換関係から切り離してあるものではない。いいかえれば、資本＝ネーション＝国家という問題をみないかぎり、環境問題に本質的に対処することができないのです。

3　五つの社会構成体

国家やネーションにも交換様式がある

先に、私は、マルクスが交通という概念を用いるのをやめて、生産様式という概念を強調するようになったのは、彼が経済学研究に専念するようになったからだといいました。そのために、彼は国家やネーションのような対象について十分な考察をしなかった、と。しかし、われわれは、そのことでマルクスを批判するよりはむしろ、マルクスが『資本論』でやったような仕事を国家やネーションに関してもやるべきなのです。

マルクスは『資本論』で、商品交換という基礎的な交換様式からはじめて、複雑な資本制経済システムの総体を解明しようとしました。貨幣と信用によって織りなされた資本制経済システムは、経済的下部構造であるどころか、信用によって存在する宗教的世界のようなものです。それはたんに「資本主義的な生産様式」などといって説明できるようなものではありません。

同じことが、国家やネーションについてもいえるのです。それは見たところイデオロギー的あるいは観念的に見えますが、資本制と同様に、基礎的な交換様式に根ざしています。それらはイデオロギーや表象のようなものではない。近代の資本制経済、国家、ネーションは、基礎的な交換諸様式の変形と接合によって歴史的に形成されてきたのです。

マルクスによる五つの生産様式

ここで、交換様式という観点から、マルクスが「資本制に先行する生産様式」として述べたことを検討してみましょう。先ほど、マルクスが「経済的社会構成体が進歩してゆく段階として、アジア的、〔古典〕古代的、封建的、および近代ブルジョア的生産様式をあげることができる」と述べたことについてふれましたが、これはその少し前に書かれた論考「資本制生産に先立つ諸形態」において、もっと詳しく述べられています(『グルントリセ』)。そこでは、それぞれの「社会構成体」において支配的な生産形態が次のように分類されています。原始的氏族的生産様式・アジア的生産様式・古典古代的奴隷制・ゲルマン的封建制・資本制生産様式の五つです。

五つの社会構成体と三つの交換様式

私はこのような分類は今も有効だと思います。ただ、私はこれを生産様式というかわりに、交換様式という観点から考え直したいと思うのです。すると、以上の社会構成体とその支配的な交換様式は、表1のようになります。

フランスのマルクス主義哲学者ルイ・アルチュセールは、社会構成体は複数の生産様式の接合からなるといいました。しかし、先に述べたように、「生産様式」から考えても、前資本主義的な社会構成体をとらえることができません。そこでは、国家や共同体もいわば生産様式の一環だからです。「交換様式」から考えると、社会構成体は基本的に三つの交換様式の接合であり、ただ、その接合の仕方と濃淡が、多様に異なる社会構成体をもたらしているということができます。そして、社会構成体の分類は、表1の五つで十分だと思います。

表1　社会構成体と交換様式

社会構成体	支配的交換様式
1　氏族的	互酬
2　アジア的	略取－再分配
3　古典古代的	略取－再分配
4　封建的	略取－再分配
5　資本主義的	商品交換

たとえば、経済学者サーミール・アミンは、この五つのほかに、アラビア諸国に見られるような商業的社会構成体、一七世紀のイギリスに見られるような、「単純小商品」生産様式が支配的な社会構成体を加えたのですが、前者は「アジア的社会構成体」に属するし、後者は「資本主義的社会構成体」の前期的段階にすぎません。

この五つの社会構成体について、第Ⅱ部以降に詳しく述べますが、とりあえず、それらの主要な特徴を整理しておきたいと思います。

第一に、氏族的社会構成体は、互酬が支配的であるような社会構成体です。これは未開社会の例から推定されるのですが、それとは根本的に異なることに注意すべきです。未開社会は、ある一定の歴史的段階で、他との接触を断った(また断つことができた)共同体ですが、氏族的社会構成体はそうではない。そこでは内部において互酬が支配的であるとしても、部分的には、他の共同体との交通、すなわち、略取‐再分配や商品交換がすでに存在したと見るべきです。だからこそ、それはのちに国家に発展したのです。

氏族的な社会構成体

第二に、アジア的な社会構成体に関して、最初に注意しておきたいのは、それは狭い意味でのアジアに限定されるものではないということです。それはアメリカ(インカ、マヤ、アステカなど)やアフリカ(ガーナ、マリ、ダホメーなど)にも見いだされる。だから、それを別の言い方に変えようとした人たちがいます。たとえば、中国研究者カール・ウィットフォーゲルはそれを「水力社会」と呼びました。アジア的な社会構成体は、いわゆる古代文明として、ほぼ同じ時期に四つの地点で出現しました。エジプト、メソポタミア、インダス河流域、黄河流域です。マルクスが指摘したように、そこでは国家による灌漑が農業と生産力の発展をもたらしましたが、「水力社会」というのでは、やはり灌漑と結びついた地理的な意味合いが強くなる。そこで、サーミール・アミンはそれを「貢納制生産様

アジア的な社会構成体

式」といいかえています。

しかし、ウィットフォーゲルが「水力社会」ということで意味したのは、たんに治水灌漑のことではありません。「水力社会」が実現した「文明」とは、自然を支配する技術だけでなく、むしろ、人間を統治する技術、すなわち国家機構、常備軍・官僚制、文字や通信のネットワークなのです。ゆえに、それは灌漑と縁がないような他の地域、たとえば遊牧民などにも伝えられた。つまり、「アジア的」といおうと、「水力的」といおうと、大事なのは、そこにおいて、国家機構がほぼ完成された形態であらわれたということなのです。

さらに、ウィットフォーゲルの見方で注目すべきことは、古典古代的・封建的といわれる社会構成体について、水力社会を中核(core)とした場合に、その周辺(margin)の外、すなわち、「亜周辺」(submargin)に生じた現象形態として見たことです。亜周辺とは、帝国＝文明の直接的な影響下におかれる周辺とちがって、帝国＝文明を選択的に受け入れることができるような地域です。このような見方によって、それまで世界史の(ヘーゲル的な)発展段階として見られていた社会構成体の諸相が、相互的な連関において見られるようになります。

つぎに注意しておきたいのは、アジア的社会構成体は、略取－再分配という交換様式だけで成り立っているのではないということです。その支配下にある農業共同体は貢納賦役の義務を強制されますが、そのことをのぞけば、共同体の人たちは自治的であり、経済的には互酬的な交換にもとづきます。また、アジア的な社会構成体には、交易があり都市もあります。しばしばそれは巨大なものです。つまり、アジア的な社会構成体とは、さまざまな交換形態がありつつ、略取－再分配の交換様式が支配的であるような社会構成体なのです。また、アラビア地域のように、農業共同体からの貢納にもとづくのではなく、遠隔地交易に全面的に依拠した商業的社会構成体があります。しかし、これもアジア的な社会構成体に属します。というのは、ここでは、商業や都市は国家によって全面的に管理されていたからです。

古典古代的な社会構成体

第三に、古典古代的な社会構成体とは、アジア的な社会構成体である帝国の「亜周辺」に成立した都市国家です。ギリシアがそうですが、帝国の文明を享受しつつ、同時に、部族的な互酬性を保持していました。それは、アテネのように市民(共同体)の間で、徹底的な民主主義体制をとりました。とはいえ、それは他の共同体を征服して獲得した奴隷の労働によって存在したわけです。また、ここでは貨幣経済と交易が発展しましたが、それは奴隷制の廃棄でなく、逆に、奴隷売買の発展に帰結しています。さらに、ギリシアもローマも、アレクサンダーやシーザーが示すように、アジア的な帝国に向かって変容し、そして衰滅しました。

封建的な社会構成体

第四に、封建的な社会構成体は、西ヨーロッパや日本のように、アジア的帝国＝文明の「亜周辺」に生じた現象です。西ヨーロッパでは、集権的な国家をもちえないため、教皇と皇帝の抗争、領主間の抗争の中で、都市と商業が自立するにいたった。また、農業共同体においても、土地の私有化と商品生産が進んだ。とはいえ、それがただちに封建領主制を覆すものではなかった。したがって、封建制とは、さまざまな交換形態が共存しつつ、なお、略取－再分配という交換様式が支配的であるような社会構成体なのです。

資本主義的な社会構成体

最後に、資本主義的な社会構成体とは、商品交換(C)が支配的であるような社会です。ここでは、それまで支配的であった略取－再分配という交換様式(B)は消滅したかのようにみえます。しかし、変形されて存続しているのです。西ヨーロッパでは、絶対王政において、はじめてアジア的な帝国と同様に、常備軍と官僚機構をそなえた国家が確立されます。そこでは、封建的地代は地租(税)に転化されます。絶対君主によって封建的特権を奪われた貴族(封建領主)たちは、国家官僚として、地租を配分されるようになる。また、絶対王政は税の再分配によって、一種の「福祉国家」を装うようになります。そして、国家の実体である常備軍と官僚機構は、市民革命(ブルジョア革命)によって人民主権が成立した後にも存続します。つまり、略取－再分配という交換様式は、近代国家の核心において生きているのです。

では、互酬的交換(A)はどうか。資本主義的な社会構成体において、農業共同体は商品経済の浸透によって解体されますが、べつのかたちで回復されるといってよいのです。それがネーションです。ネーションは、互酬的な関係をベースにした「想像の共同体」です。それは、資本制がもたらす階級的な対立や諸矛盾をこえた想像的な共同性をもたらします。こうして、資本主義的な社会構成体は、資本=ネーション=国家という結合体(環)としてあるということができるのです。

アソシエーション

しかし、そのような資本主義的な社会構成体には、逆に、そこから出ようとする運動が生じます。それは、商品交換(C)という位相において開かれた自由な個人の上に、互酬的交換(A)を回復しようとするものだといってよいでしょう。私はそれをアソシエーションと呼ぶことにします。社会主義とかコミュニズムとかいうと、国家社会主義と混同されるので、それを避けるためです(図4)。

ところで、アソシエーションが交換様式A・B・Cと異なるのは、後者が実在するのに対して、想像的なものだという点です。実際、それは歴史的には普遍宗教が説く「倫理」としてあらわれたのです(Ⅱ-3で詳述)。とはいえ、それはたんに観念ではなく、現実に大きな役割を果たしてきました。たとえば、歴史上にあらわれた社会運動は、おおむね、宗教運動という形態をとっています。近代の社会主義運動もまたこのDという位相においてあらわれたといえます。これらは、A・B・Cの結合にもとづく資本主義的な社会構成体に対して、外部から対抗するばかりでなく、その社会構成体に内属しています。ゆえに、交換様式の諸相を考えるとき、Dの次元を省くことはできません。

B 国　家	A ネーション
C 資　本	D アソシエーション

図４　資本制社会構成体の構図

「世界帝国」と「世界経済」

私は以下の章で、こうした基礎的な交換様式から、いかにして資本＝ネーション＝国家という環が生じるか、また、いかにしてそれへの対抗運動が可能なのかを明らかにしたいと思います。その前に、いくつかのことをいっておきたい。

第一に、私は四つの基礎的な交換様式をそれぞれ別個に扱いますが、実はそれらは相関的であり一つだけを切り離して扱うことができないものなのです。しかし、それらの相関を見るためには、先ずそれぞれが存立する位相を明確にしておく必要があるのです。

第二に、四つの基礎的な交換様式がどのように連関するかを見るために、それを資本制以前の世界と資本制以後の世界に分けて考えます。ウォーラーステインは、前者を「世界帝国」と呼び、後者を「世界経済」と呼びました。世界帝国とは、古代から世界各地にあった国家です。それは交易圏として、文明として、あるいは世界宗教として一つのまとまりをなします。古代の国家や部族社会は孤立して存在していたのではなく、こうした帝国と関係しつつ、その周辺や亜周辺に位置してきたのです。一五・六世紀に成立した世界市場の下で、それまで切り離されていた多数の世界帝国が相互につながれ、また、その内部で多数の主権国家に分解されるようになります。そのように成立した「世界」が世界経済と呼ばれるわけです。その世界経済の中で、旧来の多数の世界帝国は解体され、発展した中枢部と未開発の周縁部というふうに再組織されるようになります。

私は以下の章で、「世界帝国」からはじめ、さらに「世界経済」に進みます。といっても、私は古代史や中世史を論じるつもりなのではありません。私がめざすのは、複数の基礎的な交換様式の連関を超越論的に解明することです。それは経験的な事実と対応しないわけではないが、私の関心事はそこにありません。私が示したいのはあくまで、資本=ネーション=国家という環を出る方法です。

第Ⅱ部　世界帝国

1章　共同体と国家

1　未開社会と戦争

未開社会と原始社会

人類史の原始的段階を考えるとき、われわれは「未開社会」を手がかりにします。しかし、その場合、注意すべきことは、未開社会は原始社会ではないということです。未開社会の人たちとは、原始段階から発展した、ある歴史的段階で、国家（文明）を拒否した人たち、そして拒否することが可能な条件をもっていた人たちだと見なすべきです。人類学者ピエール・クラストルは、未開社会のシステムには国家への発展を拒むものがあることを指摘し、それゆえ、これを「国家に抗する社会」と呼びました。

しかし、だからといって、原始社会もそのようなものであったということにはなりません。むしろ未開社会のシステムは、国家への移行を拒むために作り出されたものだとみるべきでしょう。それは共同体の定常均衡（ホメオスタシス）を維持するためのシステムです。そして、それは交換様式A、つまり互酬の原理を純粋に貫徹することです。ところが、原始社会とはその多くがのちに国家に移行したような社会です。つまり、原始社会は、互酬的交換だけでなく、他の交換様式を萌芽的にはらんだ状態にあったというべきなのです。未開社会から原始社会を推測する場合、見落とされるのは、その点です。

互酬的交換としての親族

人類学者のマルセル・モースは、互酬的交換を未開社会の原理として見いだしたのですが、その後を継いだクロード・レヴィ＝ストロースは、複雑な親族構造を部族間における女性の互酬的交換、すなわち、女を贈与し、のちに、それに対するお返しとして女を得るという交換から説明しようとしました。親族構造は各地で多種多様であり、混沌としているように見えるのですが、実は、単純な代数的構造をもっているということを、レヴィ＝ストロースは示しました。それは数学的構造主義にもとづいていたため、彼は構造主義者と呼ばれたのです。

それまで未開社会に見られる近親相姦の禁止は、さまざまな心理的理由によって説明されたのですが、レヴィ＝ストロースはそれを、他の部族と女を交換する「外婚制」のために不可欠な制度として説明します（『親族の基本構造』）。近親相姦の禁止は、社会を血縁的な狭い範囲に縮小させてしまわないために、いいかえれば、「文化」を「自然」に還元させてしまわないようにするために必要だというわけです。たとえば、「近親婚は馬鹿げている」と、未開社会の人たちはいう。彼らの考えでは、そんなことをすれば、義理の兄弟が得られない、近親だけの狭い共同体になってしまうからです。

しかし、レヴィ＝ストロースのいう「社会」とは、広がりがあるとはいえ、全体として、その外部から閉ざされた共同体です。そこでの交換がどんなに広がろうと、互酬的交換の環が広がるだけで、共同体の外との交換には発展しない。未開社会のシステムは、排外的な共同体の定常均衡状態を維持するためのシステムなのです。

好戦的な社会か

レヴィ＝ストロースの観点からみれば、互酬的交換の原理に立つ未開社会は根本的に平和主義的です。戦争はたんに交換の失敗としてのみある。一方、クラストルは、そのような見方は、現代の西洋諸国の干渉や影響の下で未開社会が変わってしまったことを見落としていると批判しました（『暴力の考古学』）。初期の民族学的記録は、彼らがきわめて好戦的であったことを示している、というのです。彼は外部との接触がまったくなかったアマゾン奥地のヤノマミ族が、つねに戦争をしていることを指摘しました。戦争はたんに交換の失敗によるものではなく、つねに先行するのだと、クラストルは主張します。交換（贈与）

はむしろ戦争のための同盟を作るためになされるのであり、贈与の競争としての蕩尽《とうじん》で知られるポトラッチも、実際は戦争の一形態である、と。

なぜ共同体であり続けたか

クラストルの考えでは、戦争は共同体の内部を分散化させる。戦争のために、集権的な国家の形成が不可能になる。すなわち、戦争こそ共同体が国家に転化しない原因だ、というのです。しかし、クラストルが見いだす戦争は、あくまでも、戦争しあう氏族・部族をふくむような広い一つの共同体の内部での出来事です。それは、その外の共同体(国家)に出会うものではない。クラストルは、未開社会に「国家に抗する社会」を見いだすのですが、それは彼らの意志のみで可能なことではありません。このような未開社会＝共同体が国家に転化しないようにしたのは、その中での互酬的交換(親族構造)ではないし、戦争でもない。先ず外の国家からの孤立という条件、および狩猟採集が可能であるような自然条件がそれを可能にしたのです。

　そのような条件が損なわれれば、未開社会はたちまち崩壊します。アメリカ大陸における未開社会は、インカ、マヤ、アステカなどといった「アジア的国家」の周縁部にあって、そのような文明を拒否して、狩猟採集にもとづく互酬的共同体を維持した人たちです。ゆえに、そのような共同体の内部から国家が出てこないことは当然ですが、それが国家に転化したり国家の支配下におかれたりしないためには、たんに内部的なシステムをもつだけでは不十分です。外からの侵略がないこと、また、外との交易を必要としないということが不可欠なのです。

生産力と国家への道

人類学の成果に立った理論家は、氏族的・部族的共同体から国家への発展についてのマルクス主義者の見方、つまり、生産力が上昇し共同体が拡大するとともに階級対立が生じ国家が形成された、という見方を否定しました。たとえば、マーシャル・サーリンズは、未開社会の多くは豊かで、人々はわずかしか労働しないことを指摘しています(『歴史の島々』)。この指摘は正しいと思います。実際、生産力が上がり剰余生産ができたから、国家が形成されたのではない。むしろその逆に、国家によって、灌漑にもとづく集団的な農業、そして、長時間労働の強制があり、その結果、生産力が急激に向上したというべきです。

しかし、このような見方を、原始段階の社会に全面的にあてはめることはできません。未開社会が豊かであるのは、それが総じて、狩猟採集にとって有利な熱帯地域にあったからです。もちろん、彼らの側に、国家や文明を拒否する意志があったわけですが、そのことを可能にしたのは、くりかえすように、自然環境と同時に、他の国家あるいは文明から孤絶するほどに隔たっていたことです。一方、原始段階の社会のほとんどは、いやおうなく、発達した国家に包摂され、変容していった。ということは、そこに互酬以外の交換様式が萌芽的にであれ、すでに存在していたということを意味します。

2　国家の誕生

国家の起源をめぐる錯覚

しかし、原始社会において国家はどのように発生したのかといえば、われわれは理論的な「抽象力」にもとづくほかありません。たとえば、マルクスは商品交換の起源について、それが共同体と共同体の間で起こったということを強調しました。《種々の家族、部族、共同体が接触する地点に、生産物交換が発生する。文化の初期にあっては、独立して相対するのは、私個人ではなく、家族、部族等だからである》(『資本論』第一巻)。彼がこのように述べたのは、アダム・スミスが近代における個人と個人の交易を、原始段階に投射していることを批判するためです。国家の発生についても同じことがいえます。たとえば、ホッブズは、万人が互いにオオカミであるような原始状態から、社会契約によって国家(主権者)が発生すると考えました。しかし、「個人と個人が独立して相対するところ」から国家の発生を論じることはまちがいです。それは近代主義的な見方を過去に投影することになるだけでなく、近代国家をとらえそこなうことにもなるのです。国家が、共同体の内部から、誰か一人または支配階級が権力を握ることによって形成されると見るような見方は、近代主義的な錯覚です。ただし、のちに述べるように、ホッブズの考えはむしろそのような見方を否定するものでした。

共同体の間で国家は誕生

生産物交換が共同体と共同体の間に始まるのと同様に、国家は共同体と共同体の間に発生するのです。しかも、これらは別々の事柄ではありません。共同体と共同体の間での交換は、共同体の中での互酬とは別のものです。共同体の内部では、互酬にもとづく規範(掟)があります。しかし、共同体と共同体の間にはそれがない。そこではむしろ、交換がなされる前に、略奪がなされる可能性がある。交換は、むしろ暴力的略奪が断念されたときに生じるというべきです。共同体間の生産物交換は、一つの共同体が他の諸共同体を支配し、それ以外の暴力を禁じること、いいかえれば、国家と法が成立することによって可能になります。

国家は共同体の中から発生するものではありません。それは本来、一つの共同体が他の諸共同体を継続的に支配する形態なのです。したがって、国家の基盤は何よりも暴力的収奪にあるのですが、それが一時的なものではなく永続的かつ拡大的であるためには、むしろ被支配者を保護し育成しなければならない。国家は、他の国家からの略奪に対して、共同体を防衛します。また、積極的に「公共的」事業を興す。たとえば、灌漑のような大がかりな事業です。もちろん、それは、農業共同体からの賦役と貢納(租税)を確保するためになされるのですが、被支配者は、支配者の仕事を贈与として受けとめ、賦役や納税をそれに対するお返しと受け取る。そこに一種の互酬の擬制が成立するわけです。また、共同体の間で葛藤・対立があるとき、国家はそれを調停し制御します。かくして、国家は公共的あるいは理性的であるという観念が生じるのです。

国家は略取－再分配にもとづく

くりかえすと、支配者と収奪される者の関係が持続的なものであるためには、略取－再分配があたかも互酬的交換であるかのように表象されなければならない。さもなければ、どんな権力も長く存続することができないからです。

したがって、このような略取－再分配という関係を互酬とも商品交換とも異なる一種の交換様式と見なすことができます。経済人類学者カール・ポランニーは、人間の経済一般の主要な統合形態として、互酬や商品交換のほかに「再分配」をあげています(『人間の経済』)。私もその区別に従っているのですが、ポランニーの欠点は、再分配が略取にもとづくこと、そして、国家が略取－再分配という「交換様式」に存するということを見なかったことです。

ポランニーは、未開社会には互酬と再分配があるというのですが、その場合の再分配は互酬的交換のなかに入れて考えるべきです。たとえば、狩猟採集社会で、各人が猟や採集で得た獲物を最終的に再分配する場合、それは互酬的な平等原理によるものです。ところが、ポランニーは再分配を、未開社会から現代の福祉国家にいたるまで一貫して存在するものと見ています。そのため、略取－再分配という交換様式が国家に固有の原理であることを見落とすことになるのです。

共同体内部から考える誤り

くりかえすと、国家は共同体と共同体の間にはじまるのであって、共同体の内部からはじまるのではありません。共同体の内部から国家が出てくることはありえない。共同体の互酬原理がそれを妨げるからです。たとえば、未開社会にも首長はあるが、その互酬原理が、首長に固定的な権力を与えることを斥けます。互酬的共同体の中では、富を得た者は、それを贈与によって消費するように強いられる。一人の人間が贈与によって勢威を得ることはあるとしても、そのために富を失うので、もとの状態にもどってしまいます。

共同体から国家が形成されるように見える場合、実際は、外に国家が存在し、それに対して周辺の共同体が防衛したり、支配から独立しようとすることによって、国家が形成されるのです。国家は、そもそも他の国家（敵国）を想定することなしに考えることはできません。国家の自立性、つまり、国家を共同体や社会に還元できない理由はそこにあります。たとえば、カール・シュミットは、道徳的なものの領域が善と悪、美的なものの領域が美と醜、経済的なものの領域が利と害であるとしたら、政治的なものに特有の領域は「友と敵」という区別にあるといいました。この見方は正しいと思います。ただ、「友と敵」という区別は、さらに基礎的な交換様式B（略取－再分配）に由来するというべきでしょう。

国家の成立を共同体や社会からみる見方は、事実上、国家を共同体や社会に還元しているのです。そのような見方は、マルクス主義者においても支配的です。たとえば、エンゲルスは国家を、階級社会において支配階級が支配するための機関であると考えた。これも、国家が共同体や社会の中から生じるという見方にもとづくものです。そして、これは、国家をその内部から廃棄できるという考えに導かれます。つまり、経済的な階級を廃棄すれば、国家は消滅するという考えに。しかし、国家は外の国家に対して存在するのであり、国家の自立性はまさにそこにあるのです。

3　アジアの専制国家とギリシア・ローマ

国家は一つの共同体が他の共同体を継続的に支配する形態であるとすれば、国家の諸形態は、支配者の共同体と被支配者の共同体の両面から見る必要があります。共同体の互酬原理は、支配者共同体のレベルでも、被支配者共同体のレベルでも存続します。

東洋的専制国家の出現

第一に、アジア的な国家の場合、専制的な皇帝と官僚機構・常備軍の存在によって、支配者の共同体は消えてしまいます。中央集権化が可能だったのはそのためです。ところが、被支配者の共同体はそのまま残る。したがって、支配者(国家)は、共同体全体を上から支配するのです。マルクスはこれを「全般的隷従制」と呼んだのですが、彼らは奴隷でも農奴でもない。賦役貢納をのぞけば、国家が共同体に干渉することはなかったからです。この形態では、支配関係は、氏族的(家族的)な擬制によって安定化されます。その最上位に帝国がある。共同体全体の上に支配者がいるが、共同体とその互酬原理は無傷のままに残っている。これがいわゆる「東洋的専制国家」です。

それが最初に出現したのは、エジプトやメソポタミア、さらに中国ですが、そこでは、国家がほとんど完成した形態を示しています。このような国家は、基本的に、農業共同体からの賦役貢納にもとづくのですが、保護と服従という「交換」によって、多くの周辺国家を支配下におき、その範囲を広げて「帝国」になった。すでに述べたように、それは軍事的・産業的な技術だけでなく、人間を統御する技術――文字言語・宗教・通信網――をもっていました。このような帝国では、皇帝による専制支配というよりも、官僚機構による専制支配があり、官僚層こそが支配階級だったのです。マックス・ウェーバーはそれを「家産官僚」と呼び、近代国家における官僚制と区別していますが、実際は、それらの差異よりも類似のほうに注目すべきでしょう。それは、国家が官僚制と不可分のものだということを意味します。

残り続ける互酬性

ところで、国家以前の部族的共同体における互酬原理は、そうたやすく消滅しないのです。それは集権的な国家に移行することに抵抗するばかりではない。国家が成立しても、それは執拗に残存します。その点で興味深いのは、モンゴルが中国を支配してできた元王朝です。遊牧民であるモンゴルは、中国で東洋的官僚国家体制を受け継ぎながら、支配階級の間では部族的な互酬原理(民主主義)を払拭することができなかった。そのために、例外的に「元帝国の封建体制」と呼ばれる事態が生じたといわれます。

共同体の互酬原理が残存したために、独自の国家形態が形成された例として、ギリシアをあげることができます。先行するミュケナイ文明はエジプト的な集権的国家でしたが、それにかわってやってきたギリシア人は素朴な戦士＝農民共同体でした。そして、そのことが、集権的な統一国家を作ることを妨げたのです。都市国家が乱立し、その間の抗争や戦争が絶えなかった。また、市民の間では戦士共同体の在り方が濃厚に保持されています。それはさまざまな形をとりましたが、一方の極にスパルタのコミュニズム、他方に、アテネの徹底的な民主主義をおいてみればよいと思います。

アテネの「くじ引き」民主主義

特にアテネの民主主義は、西洋に固有の原理として、見習うべき規範として称賛されています。しかし、これは近代国家の代議制民主主義とは根本的に異質です。そもそも、アテネの民主主義は支配者共同体（＝市民）の原理です。それは非市民の奴隷を支配する共同体です。また、商業にもとづくにもかかわらず、それを非市民である外国人や居留外国人に任せる共同体でした。

近代国家がアテネの民主主義を模範として見習おうとしたことは確かですが、そこに一つの決定的な誤解がある。モンテスキューはそのことに気づいていました。彼の考えでは、代議制は貴族的であり、くじ引きこそ民主的である（『法の精神』）。その点でいえば、アテネの民主主義は議会ではなく、あらゆる公職や権限をくじ引きによって決めることにこそ存在したわけです。そして、それは、アテネが部族的な共同体を克服することができないという「遅れ」にこそ由来するのです。

互酬性と民主主義

アテネの民主主義には、部族的共同体の平等主義が貫かれています。そこでは、だれかが、特権的な地位を占めることを極力避けようとする。ギリシア人の中には、ヘロドトスのように、彼らの在り方が、ペルシャのような「東洋的専制国家」と異なること、そしてそれが文化的な優越であることを主張した人がいます。そして、それが近代ヨーロッパにおいて強調されたわけです。しかし、ここに「東洋」に対して進んだ「西洋」の個人主義的原理を見るのはおかしい。アテネの民主主義は共同体の互酬性にもとづくものであり、たとえば、北アメリカ先住民のイロコイ族にもそのような直接民主主義が見いだされます。実際、彼らの民主的統治原理が、アメリカ合衆国の創設において模範にされたといわれています。

ギリシアにおいて集権化に抵抗したのは、戦士共同体にあった互酬原理なのです。ギリシアの文明がこのような民主主義をもたらしたのではなく、その逆に、それは、エジプトやフェニキアにあった文明の多くを継承しながら、一つの文明、つまり、集権的な国家体制だけは受けつけなかったということによってもたらされたのです。プラトンのような思想家は、ソクラテスを死刑にしてしまうような民主主義に反撥していました。彼にとっては、エジプトのような国家こそが望ましかった。プラトンが哲学者=王が支配するような国家を考えたとき、エジプトが念頭にあったのです。

ローマ帝国の二重システム

ローマについていえば、ある程度ギリシアに似たところがあります。ローマも都市国家であり、共和政が続いたからです。そのため、東洋的専制国家のようなものを作ることができなかった。実際、帝政になっても、皇帝支配と元老院支配の二重システムが残り、皇帝たちはいわば「パンとサーカス」によって市民の支持を得るように努めなければならなかった。

しかし、ギリシアではポリスがそれぞれ地縁的な共同体にとどまったのに対して、ローマでは異民族を「ローマ市民」に包摂する原理をもっていました。それによって、領土を拡張し帝国を作り出すことができたのです。それはいわば「法の支配」によって多数の民族を統治する方法です。しかし、ギリシアと同様に、ローマ帝国は「奴隷制」にもとづいていました。つまり、それはたえず奴隷を獲得する征服戦争を必要とした。ローマ帝国が崩壊した原因はそこにあります。

4　封建制と自由都市

ギリシアやローマが東洋的帝国の亜周辺に成立したとすると、いわゆる封建制（封建的社会構成体）は、ローマ帝国の亜周辺、すなわち、ゲルマンの部族社会において成立したものだということができます。これも、支配階級の共同体と被支配階級の共同体の両方から見る必要があります。まず、支配者のレベルで見ると、封建制は、主君と家臣の双務的な契約関係によって成り立っています。主君は家臣に封土を与え、あるいは家臣を養う。そして、家臣は主君に忠誠と軍事的奉仕によって応える。この関係は双務的であるから、主人が義務をはたさないとき、家臣関係が破棄されてもよいわけです。

封建制と互酬性

いうまでもなく、これは互酬原理です。それが主君の絶対権力や集権的な中心化を許さない。王も諸侯から際立った存在ではありえない。そのため、封建制はつねに戦争体制としてあったのです。人類学者クラストルは、未開社会における恒常的な戦争を、国家形成を阻止するものとしてとらえましたが、それはむしろこの封建制にあてはまるでしょう。王や諸侯達の戦争による分散化・多中心化が統一的な国家の形成を妨げたのです。そこから、王が絶対的な主権を握ったのが、一五・六世紀の絶対主義王権国家です。王は並び立つ封建諸侯を制圧して封建制を解体し、常備軍と官僚機構を確立した。しかし、これはある意味で、すでに東洋的専制国家においてあったものを実現することだったのです。

農奴制

以上は封建制を支配者のレベルにおいてみたものです。いうまでもなく、封建制は農奴制にもとづくものですが、農奴制はアジア的な貢納制(全般的隷従制)とは違います。農奴は実質的に土地を私有していたからです。もちろん、農業共同体は強固に存在しました。三圃制などの共同体規制があり、また共同地があったからです。しかし、それは所有権があいまいなままにとどまっているアジア的共同体や、私有地は各戸に分割所有されたものの、公有地が権力者に勝手に利用されていた古典古代共同体とは、基本的に異なっていたのです。

自由都市

西ヨーロッパの封建制において特筆すべきものは、自由都市でしょう。自由都市を可能にしたのは、封建制、つまり、帝国の集権性の弱さです。東洋的帝国においても巨大な都市はあったのですが、それは国家に従属するものでした。それに対して西ヨーロッパにおいては、帝国が弱いということが、自由都市をもたらしたのです。たとえば、東ローマ帝国では、キリスト教会が皇帝に従属した。というより、皇帝が教皇であった。そこでは自由都市は発展しません。一方、西ローマ帝国では、小国家(封建国家)が分立し、皇帝は名目的な存在でしかなかった。そのため、ローマ教会は、皇帝や封建諸侯に対して独立した存在でありえた。西ヨーロッパに自由都市が成立したのは、その争いのなかで、都市が教皇側についてさまざまな特権を得たからです。

たとえば、ヨーロッパ南部では、フィレンツェが一一一五年、コムーネ（自由な都市国家）であることを宣言した。それを支えたのは、毛織物業などの商工業者のギルド（同業組合）です。ヨーロッパ北部では、一一一二年、ケルンの大司教が新しい城壁内のすべての住民が市民として参加する「自由のための宣誓共同体の結成」を公認した。これが自由都市（コンミューン）の法的な成立です。その基盤は商工業者のギルドでした。自由都市の成立によって、商工業者は一つの身分、ブルジョア（ビュルガー）としてあらわれたのです。こうして、西ヨーロッパでは、三千以上の自由都市が成立し、それを拠点として、宗教改革やブルジョア革命が起こった、というわけです。

コミュニズムの母体として

と同時に、自由都市は、一八七一年のパリ・コンミューンにいたるまで、資本主義を超える運動（コミュニズム）の母体でもありました。それというのも、西ヨーロッパにおける自由都市は、商品交換の原理の上に形成された共同体であったからです。そこでは、一方で、資本主義的な利益を追求するドライブがあり、他方で、それがもたらす経済的格差に対して、互酬原理にもとづく相互扶助的な共同体を回復しようとするドライブが対抗的に存在したのです。ブルジョア革命、つまり、ブルジョア(市民)が絶対主義王権を倒そうとしたとき、むしろその前線に立ったのはプロレタリア的な市民でした。

5 亜周辺のゆくえ

周辺・亜周辺のヨーロッパ

一般には、封建制を倒してブルジョア社会(市民社会)が生まれたと考えられていますが、ある意味で、ブルジョア社会をはぐくんだ自由都市を生み出したのはこのような封建制です。だから、前近代的なものをすべて「封建制」と呼ぶことは間違いです。こうした封建制は、それ以後に資本主義の発展と西洋の優位に帰結したため、何か西洋に固有の原理のように思われています。また、西洋に固有の原理は、ギリシア以来の伝統の中に位置づけられます。しかし、これまで述べてきたように、ギリシアの特性はそれがエジプトなどオリエントの帝国の亜周辺に位置したことから来ています。西ヨーロッパの封建制もローマ帝国の周辺に生じたのです。そして、その中でも、イギリスは最も亜周辺的であった。というのも、フランスやドイツはローマ帝国に対して周辺的であり、それを継承しようとする傾向が強かったからです。ゆえに、このような特性は、「オキシデント」一般の特徴ではなく、中核、周辺、亜周辺という位置と関係にもとづくものだといってよいのです。そのことは、東アジアの日本を例にとることで明らかになります。

中国の亜周辺としての日本

マルクスもウェーバーも日本に封建制が成立したことに注目してはいますが、それがなぜかを説得的に説明しえたのは、ウィットフォーゲルだけです(『オリエンタル・デスポティズム』)。彼は、日本の封建制を、中国の帝国に対して亜周辺に位置したことから説明しました。中国の周辺である朝鮮においては、中国の制度が完全に導入され東洋的な国家が構築されたのに対して、日本では、七・八世紀に律令制を導入し中国型の国家が作られたものの、それはついに格好だけにとどまった。また日本人は漢字を受け入れながら仮名を発明し、独自の文化を形成しました。しかし、帝国の文明を選択的に受け入れ、それに従属しないということは、日本独自の特徴というよりもむしろ、亜周辺の特徴なのです。

集権化を否定する封建制

日本では、八世紀に天皇を仰ぐ律令制国家が成立したのですが、それはまもなく形骸化しました。律令制国家の官僚機構や公地公民制に対して、土地の私有化と荘園制が進み、そこから封建制が出てきます。その基盤は、東国を中心とした戦士＝農民共同体にありました。しかし、そのような武家の権力は、京都を中心にしたアジア的国家＝文明の遺産を一掃することはなかった。というより、できなかったというべきでしょう。人格的な忠誠関係にもとづく封建制にあっては、集権的な体制を作ることができないからです。

たとえば、日本の歴史に関して、古代の律令国家の法や機構が形骸化したにもかかわらず、一度も公式的には否定されたことがなかったこと、そして、明治維新において、それが中央集権化のために活用されたということが、注目されています。しかし、このことはそれほど特異な現象でありません。それはむしろ封建的（分権的）ということの特徴です。たとえば、西ヨーロッパにおいても、各地の王や封建諸侯はだれも集権的な体制を作れず、ローマ帝国を継承する皇帝という超越的な存在を必要としたのです。

日本は「アジア的」か

つぎに、日本における封建制は支配階級の武士だけでなく、被支配階級の側からも見なければなりません。米作にともなう共同体的所有と拘束があったものの、日本の農民は実質的に土地を私有していました。たとえば、一六世紀の「太閤検地」は、国家が租税（年貢）を確保するために、農民の所有地を確認しようとしたものです。また、一六世紀には、堺や京都のような自治都市が存在しました。もちろん、これは一七世紀以後の徳川体制の中で抑圧されたのですが、全面的に抑圧されたのではない。以後も町人（ブル

表2　社会構成体と亜周辺

封建的	亜周辺(西ヨーロッパ)　→絶対主義国家
古典古代的	亜周辺(ギリシア・ローマ)→東ローマ帝国(アジア的国家)
アジア的	中核(エジプト・インド・中国)
封建的	亜周辺(日本)　→絶対主義国家

ジョア)の文化的な活動は続いたのです。その意味で、日本の社会構成体は封建的であったが、アジア的ではなかった、というべきでしょう。もちろん、そのことは、日本がつねにアジア的な帝国＝文明の影響下にあったということと矛盾しません。

戦前になされた「日本資本主義論争」あるいは「封建論争」においては、「アジア的」と「封建的」の区別がなかった。日本もロシアも中国も、要するに、前資本主義社会はすべて「封建的」と呼ばれていたのです。それは、ロシアのマルクス主義者が「アジア的生産様式」という概念を否定してしまったからです。したがって、このような論争はまったく不毛な結果に終わりました。現在でも、アジア的とか東洋的とかいう言い方は避けられる傾向がありますす。それはアジアや東洋への偏見にもとづき、それを強化するという理由からです。しかし、アジア的とか東洋的とかいう概念は、別に、文明の優劣や発展順序を意味しているわけではない。このような概念は、むしろその反対の意味をはらんでいるのです。

世界史の中の国家とは

以上をまとめていえば、世界史はつぎのように見ることができます(表2)。中央集権的な帝国がまず西アジアと東アジアに成立し、その外(亜周辺)では、中核の文明や制度を受け入れつつも、中心部の集権的原理を受け入れなかった。そこに、古典古代的な都市国家と帝国、さらに、その亜周辺に封建制と呼ばれるものが発達した。そして、そこにやがて中央集権的な国家が形成された。それが常備軍と官僚機構を備えた絶対主義国家なのですが、それはある意味で、アジア的国家の水準に追いつくことにすぎなかった。だから、われわれは、国家について考えるとき、東洋的専制国家に注目しなければならない。それが国家一般の考察に不可欠なのです。

2章　貨幣と市場

1　商品交換とは何か

共同体の外

この章で論じるのは、商品交換という交換様式(C)です。これは、たんなる生産物やサーヴィスの交換とは違います。商品交換はたしかに生産物・サーヴィスの交換でありますが、生産物・サーヴィスの交換がすべて商品交換だということにはならないからです。すでに述べたように、贈与－返礼という互酬(A)や略取－再分配(B)も、生産物・サーヴィスの交換です。ゆえに、交換が商品交換であるためには、それに固有の形式がなければならない。それを見るには、たとえば、商品交換がいかなる場所で可能なのかを考えてみるとよいでしょう。

まず、それは共同体の外でなければならない。共同体の内部では生産物の交換は互酬的交換になり、商品交換にはならないからです。アダム・スミスは、商品交換を「人間の一般的性向」と見なし、その起源を原始時代に見ました（『国富論』）。しかし、すでに述べたように、これは近代の市場経済における見方を、それ以前の社会に投射したものでしかありません。そのような考えを批判するために、マルクスは、商品交換が共同体と共同体の間で始まったことを何度も強調しています。《商品交換は、共同体の終わるところで、共同体が他の共同体またはその成員と接触する地点で始まるのだ。しかし物は、ひとたび共同体の対外生活において商品となれば、たちまち反作用的に共同体の対内生活でも商品となる》（『資本論』第一巻）。

とはいえ、この言い方も誤解を与える余地があります。商品交換は人類史の早期段階からはじまっているにもかかわらず、広がらなかった。共同体の間で交易があっても、それが「たちまち反作用的に」共同体のなかに内面化されるということはなかったのです。現在でも、世界的に見れば、商品交換つまり貨幣経済が浸透していない地域共同体が数多くあります。

都市と国家と商品交換

第二に、商品交換が共同体と共同体の間で始まるためには、つぎの条件がなければなりません。先に述べたように、共同体と共同体の間では、生産物交換よりも略取のほうが先行します。だから、商品交換が成り立つのは略取がなされないかぎりにおいてです。商品交換は自由な合意にもとづく交換であり、その原理は略取、すなわち国家を生み出す交換原理とはまったく別のものです。しかし、それは国家による支配の下でしか成立しない。なぜなら、暴力を独占することによって他の暴力を禁じる国家と法がなければ、略取が生じるため、商品交換は成り立たないからです。実際、アジア的国家の場合、遠隔地交易を行ったのは国家自身であり、また、商業的な都市は国家に直属するものでした。

商品交換は、古来、共同体と共同体の間ではどこでも発生したにもかかわらず、そして、実際には強い力をもったにもかかわらず、共同体と国家、いいかえれば、交換様式AとBの下で従属的・補足的な地位にとどまりました。国家が商品交換の原理を取り込み、また、共同体が商品交換の原理によって解体されるようになるのは、近代国家と市場経済が確立してのちのことです。

2　未開社会と原始社会

未開社会の交換と貨幣

以上のことをもう一度くわしく考えてみます。商品交換あるいは貨幣経済の起源にかんして、未開社会を考察した人類学とりわけ経済人類学が参考になります。それは近代主義的な錯覚を訂正してくれるからです。しかし、ここでも注意すべきなのは、未開社会が歴史的な原始的段階とは異なるということです。私は、さきに、国家の起源を未開社会の例から考えてはならないと述べました。なぜなら、未開社会は原始社会と違って、一定の段階で外部から身を隔離することによって成立したシステムだからです。それによっては、共同体と共同体の間に発生する国家を説明できない。同じことが、貨幣の起源についてもいえるのです。

商品交換は共同体と共同体の間で生じるものです。それゆえ、未開社会には、商品交換は存在しません。部族間での交換はあるとしても、それは共同体の外に出るものではない。多数の部族共同体は全体として一個の共同体を形成しているからです。ここでの交換は、実益というよりもむしろ、それを通して共同体であることを確認するためになされているといったほうがよいでしょう。たとえば、人類学者マリノフスキーは、トロブリアンド諸島の環状に点在する多数の島々の間および一島内で行われるクラ交易について報告しました(『西太平洋の遠洋航海者』)。この交易は、贈り物を与えられた島が、他の島に贈り物を返すというかたちでなされます。

ポランニーは、このとき贈り物として流通するヴァイグァと呼ばれる財宝を貨幣だと指摘しました(『人間の経済』)。しかし、このような交換は、間共同体的な交易ではなく、広い意味での共同体の内部の互酬的交換(A)です。ゆえに、ここに「貨幣」が存在するとしても、それは「共同体内貨幣」であり、その外で通用する貨幣ではない。ここから、商品交換(貨幣経済)が始まることはありません。だから、このような例から、原始段階を考えることはできない。

くりかえしますが、原始段階は未開社会ではないのです。未開社会は、外の国家が干渉することがなければ、その社会システムを永続させるでしょう。というより、それは永続するようなシステムなのです。未開社会が参考になるのは、そこに交換様式BとCが存在しないため、交換様式Aを純粋に考察できるからです。たとえば、未開社会の人たちは、贈り物を流通させる力を、そうしなければ祟《たた》りが生じると信じられるような魔力——ハウとかマナとか呼ばれる——にあると考えているようです。しかし、贈与に対して、何となく負い目を感じ、返礼しなければならないと感じることは、われわれにも理解できることです。実際、贈与と返礼という互酬は、今日の社会で少なからぬ役割を果たしているのです。たとえば、血縁・地縁的な共同体では、返礼として金を払うと「水くさい」といって嫌われる。

原始社会の交換

原始段階の社会では、未開社会と異なって、交換様式A・B・Cが同時に併存したといってよいと思います。そこでは、商品交換はわずかであったとしても、それなしに、原始社会はやっていけなかったはずです。たとえば、考古学は、旧石器時代に同じ型の石器が広範囲に分布している証拠を示しています。同じ素材の石がどこにもあったはずがなく、また石器作りの技術がどこにもあったはずがない。であれば、広範囲の共同体間の交換があったことはまちがいないのです。

それにかんして、再びマルクスを引用します。《種々の家族、部族、共同体が接触する地点に、生産物交換が発生する。文化の初期にあっては、独立して相対するのは、私個人ではなく、家族、部族等だからである。異なる共同体は、それらの自然環境のうちに、異なる生産手段と生活手段を見いだす》（『資本論』第一巻）。つまり、原始段階においても、自らの環境において生産できないもの（塩や道具など）を、どうしても他の共同体から得る必要があるのです。しかし、このような交換では互酬原理が働きません。むしろ、共同体と共同体の間では、相手から略奪する可能性があります。交換が成り立つのは、略奪が断念される場合だけです。

国家と商品交換は相補的

商品交換が生成する過程を歴史的に実証的に示すことはできません。われわれに可能なのは、それを理論的に考えてみることだけです。私の考えでは、国家と商品交換は、共同体と共同体の間で、並行的に成立します。すなわち、一方で、一つの共同体が他の多数の共同体を支配するようになるとき、他方で、多数の共同体の間での生産物交換が無事になされるようになるわけです。その意味で、「政治」と「経済」は相補的な関係にあります。

第一に重要なのは、商品交換が国家の保護なしには成立しないということです。商品交換は相互の契約にもとづくものですが、その履行を迫る力は国家にあります。このことは、商品交換がそれと異なる交換様式を前提とするということを意味します。すなわち、略取‐再分配あるいは服従‐保護という交換様式(B)です。その結果、国家は農業共同体からの貢納だけでなく、商業への課税に依拠するのです。このように商品交換が国家に依拠するということは、つねに念頭においておく必要があります。にもかかわらず、商品交換には、国家によるものとは異質な強制力が生じるのです。それは、互酬における強制力とは異なるにもかかわらず、それに似た力をもつ。つまり、貨幣はハウのような魔力をもつのです。

貨幣がもつ力

通常、貨幣は国家によって発行されるために、それが通用する力は国家にもとづくと考えられます。しかし、貨幣が国際的に通用する力は、国家に由来するものではありません。たとえば、バビロニアのような帝国は初めてコインを鋳造したのですが、それが通用したのは国家権力によってではない。もともと銀が貨幣として間共同体的に使われていたからです。国家が与えたのは、コインにふくまれる金属の比率への保証にすぎません。それは流通において非常に重要です。そのつど金銀の量をはからなければならないようでは、使い物にならないからです。

しかし、そのことは、貨幣の流通する力を国家が与えるということを意味しません。また、国家は勝手に作った貨幣の使用を強制することはできません。貨幣は、他の国家との交易において通用するものでなければならないのです。貨幣は国家を超えて通用するような力をもつ。では、その力は何によるでしょうか。

3 貨幣の起源

マルクスとマルクス以前

経済人類学や経済史の知見によって、これを説明することはできません。それを考えるのにも「抽象力」が必要です。この点にかんして、私は、マルクスが『資本論』の冒頭で書いた価値形態論以上のものを知りません。一般に、マルクスは、スミスやリカードら古典派経済学の労働価値説を継承し、そこから剰余価値論を引き出したと考えられています。しかし、そのような仕事をしたのは、マルクスに先行するイギリスのリカード派社会主義者です。一方、マルクスが初期から惹きつけられていた問題は、貨幣がもつ力、あるいは、その宗教的な転倒や自己疎外でした。

古典派にとって、貨幣には何の謎もありません。貨幣は、各商品に投じられた労働価値を表示したものにすぎない。ここから、オーウェンをふくむリカード派社会主義者は、貨幣を廃止して労働時間を示す労働証票を使うことを考えたのです。むしろそのような考えの安易さを批判したのがマルクスです。彼らは貨幣を否定するが、実は暗黙裏に貨幣を前提しているのです。

アダム・スミスは、商品には使用価値と交換価値があると考えました。交換価値とは他の商品を購買する能力です。それは、各商品はそれぞれ貨幣だということです。しかし、そのようなことはありえない。それは売買(貨幣との交換)がなされたのちにいえることで、生産物は売れなければ、いかにその生産のために労働が費やされていても、交換価値をもたないだけでなく、使用価値さえもちません。つまり、たんに廃棄されるほかない。商品は、他の商品と等置されることによって、はじめてその価値をもつのです。

マルクスの価値形態論

したがって、商品は使用価値と交換価値をもつ、というのは正しくない。商品の価値は、他の商品の使用価値で表現されるというべきです。つまり、一商品の価値は、他の商品との等置形態、いいかえれば、「価値形態」において生じるのです。たとえば、商品aの価値は商品bの使用価値によって表示される。マルクスはこれを「単純な価値形態」と呼びました。マルクスの言葉では、このとき、商品aは相対的価値形態、商品bは等価形態におかれる。いいかえると、商品bは、事実上、貨幣（等価物）なのです。しかし、このような「単純な価値形態」では、逆に、商品aで商品bを買った、つまり、商品aこそ貨幣（等価物）だということもできます。つまり、どの商品も自ら貨幣であると主張できる。とすると、貨幣が出現するためには、商品bだけが等価形態にあるのでなければならない。マルクスは、こうした「単純な価値形態」からはじめて、「拡大された価値形態」、さらに「一般的な価値形態」、そして「貨幣形態」に発展することを論理的に示したのですが、貨幣は、いわば商品bが、他のすべての商品に対して排他的に等価形態におかれるようになるときに、つまり一商品のみが他のすべての商品と交換可能となるとき出現するわけです。たとえば、金や銀が一般的な等価形態の位置を占め、他のすべての物は相対的価値形態におかれるとき、金や銀は貨幣です。

ところが、ここで転倒が生じます。金や銀がそこに位置するから貨幣であるのではなく、それらが特別だから貨幣であると考えられるようになるのです。マルクスは次のようにいいます。

一商品は、他の諸商品が自分らの価値を全面的にこの一商品で表わすがゆえに、はじめて貨幣になるとは見えないで、逆に、この一商品が貨幣であるがゆえに、他の諸商品が自分らの価値を一般的にこの一商品で表わす、というように見えるのだ。過程を媒介する運動は、運動そのものの結果のなかに消えさっていて、何らの痕跡もとどめていないのだ。諸商品は、自分では何もしていないのに、自分自身の価値の姿が、自分の外に、自分と並んで存在する商品体として、完成されているのを見いだすわけである。この物は、金や銀は、地球の奥底から出てきたままで、同時にあらゆる人間労働の直接の化身なのである。だからこそ、貨幣の魔術が生ずるのだ。（『資本論』第一巻、鈴木鴻一郎ほか訳）

商品たちの社会契約

マルクスの言い方でいえば、貨幣の生成は「商品世界の共同作業」です。ホッブズは、国家主権者の生成を、万人が一人に主権を譲渡する「社会契約」から説明しました。同様に、貨幣は商品たちの「社会契約」によって成立するものです。では、なぜ、商品たちであって、人間たちではないのか。もちろん、そのような社会契約を行うのは、商品ではなくて人間です。ただし、それは、商品の所有者としての人間、商品の担い手としての人間です。ゆえに、人間の意志よりも、「商品世界」のほうが優位にあるのです。

たとえば、人は、商品をもっているときと貨幣をもっているときで、立場が違ってきます。貨幣をもっていれば、ものを買い人を雇うことができる。その逆に、商品（労働力商品をふくむ)をもつ者は、弱い立場にある。こうして、商品交換がつくる「世界」は、人間の同意にもとづきながら、なお人間の意志を超えた客観性をもつようになるのです。ここに、互酬におけるハウとは異なる、貨幣のもつ社会的な強制力の秘密があります。

4 商人資本と金貸し資本

非対称な関係

商品交換あるいは市場の世界は、合意にもとづく対等な世界です。それは、これまで論じてきた交換様式AやBとは異なる。ところが、マルクスの価値形態論が示すのは、貨幣による交換は自由で対等な関係をもたらすが、同時に、それは等価形態と相対的価値形態、すなわち貨幣と商品という非対称的な関係を伴うということなのです。貨幣には購買力(直接的交換可能性の権利)があります。それが貨幣をもつ者と商品をもつ者との関係を非対称にするのです。

商品交換というとき、あるいは、市場というとき、ひとは市場における対等な取引を思い浮かべます。しかし、貨幣をもつ者と商品をもつ者は対等ではありません。商品は売れなければ、価値がない。しかるに、貨幣をもつ者はいつでも商品と交換できる。すなわち、貨幣をもつことは、いつどこでもいかなるものとも直接的に交換しうるという「社会的質権」(マルクス)をもつことなのです。であれば、人が貨幣を欲するのは当然です。そこから、貨幣を貯め込む倒錯が生じます。それは、財貨(使用価値)を貯め込むこととは区別されなければなりません。

蓄蔵者から資本家へ

その点で、マルクスが、「貨幣から資本への転化」について述べたとき、先ず守銭奴(貨幣蓄蔵者)に言及したことが重要です。

貨幣蓄蔵者は、黄金物神のために自分の欲情を犠牲にする。彼は禁欲の福音に忠実なのだ。他方で、彼が流通から貨幣として引き上げることのできるものは、彼が商品として流通に投じたものでしかない。彼は、生産すればするほど、多く売ることができるわけだ。だから、勤勉、節約、そして貪欲が、彼の主徳をなし、多くを売って少なく買うことが、彼の経済学のすべてをなす。(『資本論』第一巻)

貨幣蓄蔵者とは、この「質権」を蓄積するために、実際の使用価値を断念する者のことです。「黄金欲」や「致富衝動」は、けっして物(使用価値)に対する必要や欲望からくるのではない。守銭奴は、皮肉なことに、物質的に無欲なのです。ちょうど「天国に宝を積む」ために、この世において無欲な信仰者のように。

それに対して、商人資本は、貨幣→商品→貨幣＋α、つまりM—C—M'（M＋ΔM）という過程を通した、貨幣の自己増殖（蓄積）の運動です。

> こういう絶対的な致富衝動、こういう情熱的な価値追求は、資本家にも貨幣蓄蔵者にも共通のものであるが、しかし貨幣蓄蔵者が狂気の資本家でしかないのに対して、資本家のほうは合理的な貨幣蓄蔵者である。貨幣蓄蔵者は、価値の休みなき増殖を、貨幣を流通から救い出そうとすることによって追求するが、より賢明な資本家は、貨幣をつねに新たな流通にゆだねることによって達成するわけである。（『資本論』第一巻）

資本家は合理的な守銭奴である。つまり、商人資本の運動を動機づけているものは、守銭奴の蓄積衝動（貨幣フェティシズム）と同じです。「合理的な守銭奴」としての資本家は、資本を増殖するために、あえて流通の中に跳びこみます。

等価交換と剰余価値

では、剰余価値ΔMはいかにして可能なのでしょうか。それは、安く買って高く売ることによってです。しかし、それは不等価交換であり、詐欺ではないでしょうか。産業資本主義に立脚したスミスのような経済学者は、商人資本をそのようにみなして非難しました。実は、このような非難は、昔からあります。というより、商人資本は古来つねに非難され、軽蔑され、卑しめられてきたのです。

しかし、ここで貨幣が「商品世界の共同事業」としてあるというマルクスの考えにもどって考えてみる必要があります。いいかえれば、貨幣は、それ自体をふくむ全商品の等置関係（価値関係）の体系において存在するのです。これは、ある商品の価格は、それと貨幣（商品）の等置にもとづくだけでなく、それを通じて関係するすべての他の商品との関係によって決まるということです。端的にいえば、それは、同じ商品であっても、価値体系が異なるところにあると、別の価格をもつということを意味します。

たとえば、ヨーロッパで茶や香料を作ることはできない。それがヨーロッパでもつ価格がインドでもつ価格より高いのは当然です。商人資本はたしかに、安く買って高く売るのですが、それぞれの地域では、交易は等価交換としてなされているのであって、別に詐欺をしているわけでないのです。

「命がけの飛躍」と信用

ところで、貨幣には商品と交換する権利があるが、商品には貨幣と交換する権利がない。しかも、商品は売れなければ（貨幣と交換されなければ）、交換価値をもたないだけでなく、使用価値ももたないのです。それはたんに廃棄されてしまう。だから、マルクスは、商品が貨幣と交換されるかどうかを「命がけの飛躍」と呼んでいます。ところで、合理的な守銭奴である資本家は、貨幣→商品→貨幣(M—C—M')という過程を通じて貨幣を増殖させようとするのですが、そのとき商品→貨幣(C—M')という「命がけの飛躍」を経なければならないのです。

この危険をさしあたり回避するのが「信用」です。それは、マルクスの言い方によれば、売りC—M'を「観念的に先取りする」ことです。すなわち、それはいわば約束手形を発行し、あとで決済するという形をとります。このとき、売買の関係は、債権・債務の関係となります。制度としての「信用」は、流通の拡大とともに「自然成長的」に生じ、かつそれが流通を拡大する、とマルクスはいっています。信用制度は資本の運動の回転を加速しかつ永続化する。M—C—M'という過程の終わりまで待つ必要がないので、資本家は新たな投資を行うことができるからです。また、投資によって利潤が得られるなら、金を借りてでもそうするでしょう。その場合、金を貸す者には利子が払われる。そこに、金貸し資本(M—M'—M''……)が成立します。そして、これは古代バビロニアやエジプトの時代には存在しています。

近代の産業資本主義がはじまった時点では、信用制度も株式会社制度もすでに確立されていました。資本主義について考えるためには、その萌芽形態である商人資本と金貸し資本から考える必要があるのです。

5　国家・貨幣・交易

国家が通用させるのか

以上は、マルクスが『資本論』で、価値形態論から、貨幣形態、そして、（商人）資本への転化として論じたことを、私なりにまとめたものです。こうした過程は、現実に、貨幣が形成されてきた過程を示すものではありません。しかし、これは、歴史的な考察をするときに見逃してしまうポイントをとらえています。

たとえば、マルクスが商品から貨幣を考えたことに対して、批判がなされています。昔からある批判は、貨幣を国家による約定として見る考えによるものです。しかし、これがまちがいであることは、すでに述べたように、国家によって貨幣を通用させることはできないということから見て明らかです。国際的に通用しない通貨なら、国内でも通用しないのです。たとえば、ソ連邦のように強い国家権力をもってしても、その末期には国内で通貨のルーブルが通用しなかった。

相互信用で成立するか

一方、貨幣の「商品起源説」に対する今日の批判は、米ドルが一九七三年以後金との兌《だ》換《かん》制を停止したのちにも、世界貨幣としてありつづけているという「事実」にもとづいてなされています。そこで出てきたのは、貨幣が相互の信用によって成立するという見方です。マルクスも貨幣を「商品世界の共同作業」としてとらえたのですが、世界貨幣が相互信用によって成り立つという見方は、それをいわば「人間世界の共同作業」、あるいは国家間の共同作業として見るものです。具体的にいうと、貨幣は商品(金)である必要はない、諸国家が同意し支持すれば、世界貨幣は成り立つのだということになります。

しかし、国際的決済において、金が必要だという考えは現実に消えていません。確かにアメリカはドルと金の兌換制を停止しましたが、それはドルが世界通貨であるために金準備が不要であるということにはならない。金が兌換されて流出してしまうからこそ、兌換を停止したわけですが、もし金準備が不要なら、金の流出を阻止する必要はないのです。要するに、現在でも、金=世界貨幣は、暗黙裏に国際的な決済手段として存在しているということです。

国外で通用する貨幣

貨幣がどんな商品とも交換可能な一般的等価物となるのは、商品の関係体系において他のすべての商品に対して等価形態におかれるからです。しかし、それは一つの関係体系の外で通用するだろうか。それが外でも通用するためには、まずそれが人の欲するような商品(使用価値)である必要があるのです。一定の共同体や国家の範囲内では、貨幣は素材的に何であってもいい。紙片でも構わない。しかし、その外に出ると、それは通用しません。たとえば、遊牧民にとって羊が貨幣でした。彼らは羊とともに移動し、それを自ら食うとともに、それを貨幣として他の財を買う。このような世界では、国家が認定しただけの通貨は通用しない。だから、共同体の外、国家の外で通用するような貨幣は、その素材そのものにおいて使用価値をもっていなければならないのです。

マルクスは貨幣の機能を、価値尺度、流通手段、蓄蔵手段、支払い手段として考察しました。それに対して、ポランニーは、古代経済においては、それらが同じ貨幣ではなく、異なる貨幣でなされたということを強調しています。たとえば、バビロニアでは、価値尺度としては銀、支払い手段としては大麦、交換手段としては油脂、羊毛、なつめやしの実などが使用されていた、と。しかし、貨幣がさまざまであり多様な機能に分かれていたというようなことは、貨幣をふくむすべての商品が価値関係の体系のなかにあるということを否定するものではありません。実際、ポランニーはこう付け加えているのです。それらの間には、銀1シクル＝大麦1グルというレートが定められて、全体として精緻な物々交換の体系が作られていた、と(『人間の経済』)。そうだとすれば、ここでは、銀こそが世界貨幣だといってよいのです。

ポランニーは、古代から、遠隔地交易は国家によってなされたといっています。彼は、交易が固定した価格によってなされたこと、また、概して国家官僚によってなされたことを強調します。彼らは利潤を求めてではなく「身分動機」によって交易をしたのだが、君主から報酬として財宝や土地を受け取った。それに比べて、利潤を求める商人は小規模で利潤も少なく貧しかった。

交易をする国家

しかし、遠隔地交易において、価格が固定していたということは、自然的な条件による差異、また、生産技術の伝統的な固定によるものです。したがって、価格の固定は、それぞれの価値体系の差異から剰余価値が得られるということと、べつに背反するものではありません。

つぎに、なぜ遠隔地交易が国家によってなされたのか。最大の理由は、遠隔地交易に伴う危険です。国家の軍事力なしには交易はできません。その意味で、実際に商人によってなされようと、官僚によってなされようと、遠隔地交易が国家の管理下にあったのは当然です。その場合、交易が国家のために、つまり、「身分動機」によってなされるとき、それは名誉ある行為とみなされ、たんに「利潤動機」から交易を行う者は見下された。もちろん、やっていることは同じです。むしろ、だからこそ、後者は軽蔑されなければならなかったというべきでしょう。

商人資本は価値体系の差異から利潤を得ます。農業共同体から見れば、共同体の「間」あるいは都市にある商人は、異邦人であり、不気味でいかがわしい存在です。

商業への軽蔑

彼らは商人・商業を必要としつつ、軽蔑する。たとえば、古代ギリシアでは、市場経済があり商業が広がっていました。彼らがもつ奴隷は、軍事的征服よりも、商業によって得た金で買ったもの(債務奴隷)です。にもかかわらず、ギリシア人は商業を軽蔑していました。彼らは根本的に戦士＝農民共同体であって、フェニキア人のような交易民族ではなかった。

たとえば、アテネで交易に従事していたのは、外国人ないし居留外国人でした。同じことが哲学に関していえます。いわゆる「ソクラテス以前の哲学者たち」は、外国人ないし居留外国人であり、いわば商人としての思想家だったのです。そして、彼らをソフィストとして攻撃したのが、ポリスの思想家ソクラテスやプラトンでした。ここから、商業を肯定する思想など出てくるはずがないのです。

資本制以前の社会構成体においては、商品交換の様式Cがなかったわけではありません。それどころか、アラビア地域では商業が非常に発達しました。このような半

アラビアの商業

乾燥地域の諸国家は、農業共同体を支配する貢納制国家であったエジプトをのぞいて、ほぼ全面的に遠隔地交易およびそれに対する課税にもとづいていました。こうした文化的

風土から出てきたイスラーム教が商業を肯定したことはいうまでもありません。

砂漠や海を渡る遠隔地交易は、バグダードなどの巨大な都市を形成しました。しかし、これは西ヨーロッパにあったような自立都市ではなく、政治的な都市です。こうした都市は、サーミール・アミンがいうように、世界的経済の動向によって、交易コースが変わると、一挙に崩壊してしまうほかなかったのです。

西ヨーロッパの商業と国家

都市が自立し商業が発展したのは、文明の周辺にあり集権的な国家をもてなかった西ヨーロッパの封建制においてです。ここでもやはり商業が見下されていたことに変わりはない。たとえば、キリスト教会によって、利子(高利)が禁止されていました。にもかかわらず、都市が王や封建諸侯から自立することができたのは、国家に対抗する教会の力を利用したからです。しかし、都市の自立とは、国家や教会の権力とは異質な力が自立したということです。それは、共同体や国家を超えて通用する貨幣の力だといってよいでしょう。そして、それが拡大してくるにつれて、封建制は崩壊します。その結果、出てきたのが絶対主義王権国家です。

王は、それまで同格で並んでいた多数の封建的諸侯を制圧し集権的な体制を築いたのですが、その際、都市ブルジョアジーと結託し、封建的諸特権を廃棄しました。このときはじめて、商品交換＝貨幣経済の原理が国家によって承認されたわけです。いいかえれば、経済外的な強制力が介入できないような「経済」の自律性が認められた。しかし、忘れてはならないのは、このとき、西ヨーロッパにおいてはじめて、常備軍と官僚・警察機構をそなえた強力な国家が成立したということです。このように、それぞれ異なる交換様式BとCに根ざした、国家と資本の相互依存的な接合がなされたのです。

3章　普遍宗教

1　普遍宗教と預言者

これまで三つの交換様式とそれらの接合によって成り立つ社会構成体について述べてきましたが、最後に述べる四つ目の交換様式は、それらに対抗するものです。それは、先ほど示した図（三九頁）において、第四象限Dの位置にあります。その特質はつぎのようなものです。

四つ目の交換様式

第一に、この自発的で自立した相互的交換のネットワークは、政治的国家組織を斥けるものであり、国家の原理とは対極的です。だが、それは個々人が共同体の拘束から解放されているという点で、市場的な社会に似ているし、同時に、市場経済の競争や階級分解に対して互酬的（相互扶助的）な交換——資本の蓄積が発生しないような市場経済——を目指すという点で、共同体と似ています。いいかえれば、それは第三象限の市場経済(C)の上で、第一象限の互酬的な共同体(A)を回復しようとするものなのです。

さらに、これが他の三つの交換様式と異なるのは、これが理念であって現実に存在しないということです。事実、それは歴史的には、普遍宗教(世界宗教)というかたちであらわれました。宗教史の観点からいえば、普遍宗教は、共同体の宗教や国家の宗教ではなく、古代の都市において出現した宗教です。ところが、社会主義の歴史という観点から見れば、そのことは、社会主義がまず宗教という形態で出現したということを意味するのです。しかし、私がそういうのは、社会主義が宗教から離れて「科学的」にならなければならないという意味ではありません。その逆に、社会主義は、普遍宗教として開示されたものを失ってはならないということです。普遍宗教が開示したのは、国家や共同体にないような「倫理」なのですが、それは新たな交換様式(アソシエーション)にほかならないのです。

呪術から宗教へ

ここで、私が考えたいのは、宗教史や宗教社会学において語られてきた問題を、交換様式からとらえなおすことです。たとえば、宗教は呪術の段階から発展したと考えられていますが、呪術とは、超越的・超感性的な何かへの、互酬的な関係です。すなわち、超感性的な何かに贈与する(供犠を与える)ことによって、それに負い目を与えて人の思う通りにすることが、呪術なのです。ウェーバーは、祈願、供犠、崇拝という宗教的な形態が、呪術に由来するのみならず、ほとんどそれを脱していないことを指摘しています。

預言者宗教はこうした呪術を否定しますが、そこでもやはり呪術が強く残る。《宗教的行為は「神礼拝」ではなくて、「神強制」であり、神への呼びかけは、祈りではなくて呪文である》。《すなわち、「与えられんがために、われ与う」(Du ut des) というのが、広くゆきわたっているその根本的特質である。このような性格は、あらゆる時代とあらゆる民族の日常的宗教性ならびに大衆的宗教性にのみならず、あらゆる宗教にもそなわっている。「此岸的な」外面的災禍を避け、また「此岸的な」外面的利益に心を傾けること、こういったことが、もっとも彼岸的な諸宗教においてさえも、あらゆる通常の「祈り」の内容をなしているのである》(『宗教社会学』、武藤一雄ほか訳)。

ウェーバーが指摘する「呪術から宗教へ」あるいは「呪術師から祭司階級へ」の変化は、社会的には、共同体から国家への移行に対応するものです。そこで、祭司階級は支配階級の一環としてあります。読み書きに堪能な祭司階級が官僚体制と接合したのです。一般に、呪術師は雨乞い祈禱師ですが、メソポタミアやアラビアでは、収穫を生み出すのは雨ではなく、もっぱら灌漑であると見なされた。このことが、国王の絶対的支配を生んだわけですが、同時に、大地や人間を産み出す神ではなく、それらを「無から」創り出す神という観念を生ぜしめる一つの源泉となった、とウェーバーはいっています。それに対して、インドや中国では、「神なき」宗教倫理が生じた、と。

世界帝国と普遍宗教

古代国家において、宗教は、アルチュセールの言い方にしたがえば、まさに「イデオロギー装置」としての国家です。しかし、これは他の国家との関係においては通用しません。神に祈ろうと、国家は戦争に敗れるし、敗れれば、神も敗れるわけです。神の力は国家の力に比例する。こうして、宗教の普遍化は、国家の普遍化、つまり、世界帝国の形成に随伴する現象だということができます。たとえば、一神教がエジプトに出現したのは、エジプトが国家として拡大し、多民族を包摂する世界帝国となった時点です。

ニーチェは、「世界帝国への進行はつねにまた世界神への進行である」といっています（『道徳の系譜』）。フロイトも、一神教の出現を、世界帝国が、多数の部族や民族の神々を超える神（唯一神）をもたねばならない、という理由から説明しています（『モーゼと一神教』）。彼は、モーゼがエジプトの王家の者であり、エジプト王イクナトンが創始しその後廃棄された一神教を回復しようとしたというのです。この仮説の是非は別にしても、世界帝国が普遍的な神性を必要とすることは、その後の、世界帝国（ローマ帝国からアラビア・モンゴルその他）に関して妥当します。つまり、のちにあらわれた普遍宗教(世界宗教)も、現実には、世界帝国の支配の手段となり、また、その領土の範囲を超えないのです。

呪術の廃棄と預言者

一方、ユダヤ一神教は、多数の部族の「盟約共同体」に起源をもつというのが、一般的な見方です。つまり、それが「エホバとの契約」として表象された。しかし、この契約はもともと互酬的な関係で、神もまた約束を守らなければならなかったのです。だから、神が約束を守らない場合でも、すなわち、民が敗北や捕囚の身におかれた場合でも、神がその責任を問われないどころか、逆に、民が約束を守ることのみが求められるようになったのは、バビロン捕囚期以後です。そして、ここに、ユダヤにおける預言者の特質があります。

預言者は、呪術師や占い師とは違って、民族にとって、あるいは彼個人にとっても望ましくない敗北や苦難を神の言葉として告げたわけです。このことは、宗教から呪術が廃棄されるためには、神と人との互酬的な関係、つまり、対称的な関係が否定されなければならないということを意味します。この結果、ユダヤ教徒は、数え切れないほどの敗北と苦難を与えられたにもかかわらず、神を捨てなかった。もちろん、棄教した人々も多かったことはいうまでもありませんが。

第四の空間と預言者

しかし、呪術から宗教へのこうした移行における預言者の役割は、ユダヤ教の系譜、つまり、キリスト教やイスラーム教に限定されるものではない。ウェーバーは、預言者を倫理的預言者と模範的預言者の二つに区別しています。前者の場合、預言者は旧約聖書の預言者・イエス・マホメットのように、神の委託を受けてその意志を告知する道具となり、この委託にもとづく倫理的義務として服従を要求する。後者の場合、預言者は模範的な人間であり、仏陀のように、みずからの範例を通して他の人々に宗教的な救いへの道を指し示す。だが、いずれの場合でも、預言者が出現したことには、共通した点があります。

彼らはカリスマ的な個人です。それは次のことを意味します。第一に、彼らは祭司階級に属さないがゆえに、国家機構に対立するということ。第二に、彼らが都市に基盤をもち、かつまたそこでのみ広がったということ。普遍宗教が、農業共同体ではなく、都市に始まるということは重要です。ウェーバーもそれを指摘しています。《農民こそは神意にかなった敬虔な人間の特殊な典型であるとみなされるのは、一般的にはまったく近代的な現象である》(『宗教社会学』)。ユダヤ教やイスラーム教はいうまでもありませんが、仏教でも、農民は布教の対象とみなされなかった。仏教はもっぱら都市の商人階級に広がったのです。キリスト教でも、農民に価値がおかれるようになったのは、ルター派やロシア正教の近代版においてにすぎません。

ここから見ると、普遍宗教が存在した位相が見えてきます。最初に述べたように、それは第三象限(C)の都市空間に出現し、かつ、そこから、第四象限の空間を「開示」(預言)したものなのです。それは、共同体と国家を拒否するものです。だから、それは商品交換＝市場経済の空間にしか出現しない。と同時に、それを否定するものです。つまり、第四象限あるいは新たな交換様式(D)を開示するものです。

2 自由の相互性をめざして

貨幣経済と普遍宗教

普遍宗教の問題を交換様式から見るとき、参考になるのは、ニーチェの考察です。彼は、負い目という道徳感情が、「負債という極めて物質的な概念」に由来するといっています。《負い目とか個人的責務という感情は、われわれの見たところによれば、その起源を存在するかぎりの最も古い最も原始的な個人関係のうちに、すなわち、買手と売手、債権者と債務者の間の関係のうちにもっている》(『道徳の系譜』、木場深定訳)。さらにニーチェは、「正義」もまた経済的な価値の概念に由来するという。《人々はまもなく「事物はそれぞれその価値を有する、一切はその代価を支払われうる」というあの大きな概括に辿り着いた。――これが正義の最も古くかつ最も素朴な道徳的規準であり、地上におけるあらゆる「好意」、あらゆる「公正」、あらゆる「善意」、あらゆる「客観性」の発端である》(同前)。

ニーチェの考えは、普遍宗教の出現が、呪術＝互酬的交換を廃棄し、貨幣による交換が支配的になった時点で生じるということを裏書きしています。マルクスが価値形態論として示したのはその過程だといってもよいでしょう。つまり、単純な価値形態から始まって、一般的等価形態あるいは貨幣形態が形成される過程です。

たとえば、ユダヤ教においては、「目には目を」という互酬原理があります。ところが、イエスはいう。《「目には目を、歯には歯を」と言われていたことは、あなたがたの聞いているところである。しかし、わたしはあなたがたにいう。悪人に手向かうな。もし誰かがあなたの右の頬を打つなら、他の頬をも向けてやりなさい》(「マタイによる福音書」)。ここでは、「目に目を」という直接的交換が斥けられています。それは、貨幣経済によって、貨幣を通してしか商品の交換ができないような世界が成立したことに対応するのです。

罪の感情

だが、このような直接的な交換の不可能性によって、負い目＝罪の感情は拡大させられます。《「姦淫するな」と言われていたことは、あなたがたの聞いているところである。しかし、わたしはあなたがたにいう。誰も、情欲をいだいて女を見る者は、心の中ですでに姦淫をしたのである》（同前）。さらに、パウロは、イエスの十字架での死という出来事を、キリストが身をもって全人類の「負債」を支払ったのだ、と解釈しました。しかし、それによって、すべての負い目がイエスへの負い目に転化するわけです。「キリスト教」はこのとき成立したといってよいでしょう。だから、ニーチェはこういうのです。《これまでに到達せられた最大の神としてのキリスト教の神の出現は、それゆえにまた、最大限の責務感情を地上に持ち来した》（『道徳の系譜』）。

ところで、普遍宗教は別に、超越的な人格神あるいは唯一神を不可欠とするものではありません。たとえば、仏教も普遍宗教です。このことを考える上で、示唆的なのは、先に述べたマルクスの「価値形態論」です。マルクスの考えでは、重要なのは一般的等価形態（貨幣形態）であって、そこに位置する物ではない。たとえば、金は、金だから貨幣となるのではなく、一般的等価形態という場所におかれるがゆえに貨幣なのです。同様に、超越的なのは神ではなく、神がおかれる「場所」（一般的等価形態）です。仏教が人格神を否定し「無の場所」を強調したのは、そのためです。

新たな交換様式の開示

いずれにしても、普遍宗教（世界宗教）は、共同体でも国家でもなく、市場的空間（都市）において出現し、さらに、かつて存在しなかったような空間、すなわち新たな交換様式を開示したのです。たとえば、新約聖書では、たんに祭司階級＝国家への拒否があるだけではなく、家族・共同体への拒否があります。イエスはつぎのようにいうのです。《私が来たのは、人をその父と、娘をその母と、嫁をその姑と仲たがいさせるためである。そして、家の者が、その人の敵となるであろう。私よりも父または母を愛する者は私にふさわしくない》(「マタイによる福音書」)。《天にいます私の父のみこころを行う者は誰でも私の兄弟、また姉妹、また母なのである》(同前)。イエスはこうして旧来の家族・共同体を斥けると同時に、都市(商業社会)がもたらす富の不平等に抗議します。《もしあなたが完全になりたいと思うなら、帰ってあなたの持ち物を売り払い、貧しい人々に施しなさい。そうすれば、天に宝をもつようになろう》(同前)。

このように、普遍宗教は、商人資本主義・共同体・国家に対抗し、互酬的(相互的)な共同体、つまり、アソシエーションを志向するものとしてあらわれたのです。同じことが仏教についてもいえます。仏教は商人と女性の間で広がった。のちに、女性を罪深い存在だというのが仏教だと考えられるようになりましたが、それは仏教以前からある修行者たちの通念にすぎません。それを否定したからこそ、仏教はむしろ女性の間に広がったのです。さらに、イスラーム教についていえば、それは都市の宗教であり、商業を肯定するものです。イスラーム教で強調される共同体（ウンマ）とは、部族的共同体や農耕共同体とは異なった、高次の共同体です。

こうしてみると、普遍宗教が第四象限の空間を理念として開示したことは明らかでしょう。だが、こうした宗教が現実に拡大し定着するようになると、国家の宗教となり、また、共同体の宗教となりました。それは、共同体の互酬や国家による再分配に対応する機能を果たしたのです。

宗教の国家化と宗教改革

たとえば、ローマ帝国は、コンスタンティヌス皇帝以来、キリスト教を国教として公認しました。以後、東ローマ帝国では、教会は皇帝に対して従属的であり、国家機構の一部となった。皇帝は一種の宗教君主的な性格をもつようになりました。それに対して、西ヨーロッパでは、帝国に中央集権的な力がなく、各地で封建的な領主が割拠するという状態のなかで、西ローマ教会が相対的に強く、それに庇護されたかたちで、自治都市が各地にできた。その意味で、自治都市（コムーネ）は、普遍宗教が開示した空間によってもたらされたといってもよいのです。

西ヨーロッパの都市から、さまざまな宗教改革が起こってきました。それらは普遍宗教の、新たな文脈での回復です。しかし、それはたんに「原典に帰れ」という次元にとどまるものではなかった。それは、社会運動として広がったのです。というよりも、近代にいたるまで、社会運動はつねにこのような宗教的復興の形態をとってあらわれたのです。特に、ヨーロッパにおいて重要なのは、「千年王国」という観念でした。それらは各地で民衆運動を作り出した。その例としては、ドイツの農民運動を率いたトーマス・ミュンツァーをあげてもよいでしょう。

エンゲルスはつぎのように述べています。

ミュンツァーと共産主義

ミュンツァーの宗教哲学が無神論につうじるところがあったように、彼の政治綱領は共産主義につうじていた。そして、近代の共産主義的宗派で、二月革命〔一八四八年〕の前夜になってもまだその駆使する理論的武器庫の内容が一六世紀の「ミュンツァー派」のそれを越えなかったものは一つにとどまらなかったのである。この綱領——当時の都市平民の諸要求の総括というよりも、むしろこの都市平民のあいだにやっと発展しはじめたプロレタリア的分子の解放条件の天才的な予見であったこの綱領は、教会をその本来の姿にひきもどし、このいわゆる原始キリスト教的な、しかし、じつはきわめて斬新な教会に矛盾するいっさいの制度を除くことによって、神の国、すなわち予言された千年王国をただちに地上にうちたてることを要求した。しかし、ミュンツァーは、この神の国ということを、ほかでもなく、いかなる階級差別も、私的所有も社会の構成員にたいして自立

的な、外的な国家権力も、もはや存在しない社会状態と解していたのである。（『ドイツ農民戦争』、伊藤新一ほか訳）

これはキリスト教に限るものではありません。仏教にも「千年王国」に似た「末世」的なヴィジョンがありました。たとえば、一五世紀から一六世紀にかけての日本では、一向宗（浄土真宗）や法華宗が、農民戦争をもたらし、加賀のような民衆国家、さらに、堺や京都などの自治都市をもたらしたのです。

ピューリタン革命と社会運動

特に近代社会主義につながるものとして注目すべきなのは、イギリスのピューリタン革命（一六四二年）にあらわれた運動です。中でも重要なのは、水平派（Levellers）と呼ばれる党派です。彼らは資本主義的経済の拡大の中で、没落しつつあった独立小商品生産者の階級を代表していました。その点で、一九世紀のアナキストと似たところがあります。さらに、開拓派（Diggers）となると、農村のプロレタリアを代表して、明瞭に共産主義的でした。ただし、彼らの主張は「千年王国」という宗教理念として語られたのです。このような急進的な党派は、絶対主義王政を倒す過程までは大きな役割を果たしたが、新たな政権によって排除されてしまいます。

ピューリタン革命は一六六〇年の王政復古によって終わりました。もちろん、この王政復古は絶対主義王政への復帰ではありません。それは立憲君主制に近いものであり、いわゆる名誉革命(一六八八年)はそれを決定的に確立したのです。その時点で、イギリスのブルジョア革命は完結したといってよいでしょう。しかし、重要なのは、ブルジョア革命が、ブルジョアではない階層による社会運動として、しかも、宗教的な運動として開始され、最後にそれらが排除された時点で成就したということです。

名誉革命のあとも、クエーカー教徒、ジョン・ベラーズが、社会主義的な貧困問題の解決を提唱しています。彼は労働紙幣や交換銀行、職能組合運動を考えるなど、オーウェンやプルードンの先駆者でした。フランス革命(一七八九年)においては、もう宗教的な色調はありません。しかし、一九世紀になっても、社会運動はいつも宗教的な文脈と結びつけられていました。たとえば、サン・シモンの社会主義は濃厚にキリスト教的な色彩を帯びていた。

しかし、ここで強調しておきたいのは、普遍宗教は社会運動を生み出したとはいえ、それ自体はけっして政治的・経済的な運動ではなかったということです。

自由の相互性と普遍宗教

一九世紀の社会主義者にはイエスを社会主義者と見る人たちが少なくなかった。カウツキーも原始キリスト教を社会主義運動としてとらえています。仏教に関しても似たようなことがいわれます。だが、そのような考えは事実に反しているといわねばなりません。普遍宗教がもたらしたのは、自由の互酬性(相互性)という倫理的な理念です。それが政治・経済的平等を含意するにいたったとはいえ、後者が至上目的ではなかった、ということを忘れてはならないのです。

カントは、「他者を手段としてのみならず同時に目的として扱え」という格率を、普遍的な道徳法則として見いだしました。「目的として扱う」とは、自由な存在として扱うということです。自分が自由な存在であることが、他者を手段にしてしまうことであってはならない。すなわち、カントが普遍的な道徳法則として見いだしたのは、まさに自由の相互性なのです。そして、この場合、「他者」は、生きている者だけではなく、死者およびまだ生まれていない未来の他者をふくみます。たとえば、私たちが環境を破壊した上で経済的繁栄を獲得する場合、それは未来の他者を犠牲にすること、つまり、たんに「手段」として扱うことになります。

自由の相互性をこのように理解するならば、それが資本主義と国家に対する批判をはらむことは当然です。あとでのべるように、カントは抽象的な道徳論にとどまらず、生産者協同組合や国際連合について考えたのです。しかし、ここで強調しておきたいのは、カント的な倫理が普遍宗教に由来しているということです。カント自身がそうしたように、宗教を批判してもよいし、また批判すべきですが、そのことが、宗教によって開示された倫理＝交換様式を否定してしまうことになってはなりません。

第Ⅲ部　世界経済

1章　国　家

1　世界帝国から世界経済へ

私は、これまで、国家、資本、共同体を、別々に考察してきました。それらは社会構成体を、三つの交換様式からみることです。第Ⅲ部でも、それらを別個に扱うのですが、その前にあらためて強調しておきたいのは、それらは別個に独立してあるのではないということです。

世界帝国

一つの社会構成体には、互酬・略取－再分配・商品交換という交換様式が接合されて存在します。アジア的であれ、封建的であれ、前近代的な社会構成体においては、互酬と略取－再分配が支配的であり、商品交換は副次的でした。いいかえると、孤立分散的で自給自足的な農業経済が社会的再生産の基礎をなし、それらにもとづく国家権力相互の関係が主役を演じていたわけです。こうした社会構成体の頂上に「帝国」があった。それらは「世界帝国」と呼ばれますが、実際は、世界の一地域でしかありません。

世界経済の誕生

そのような世界帝国が連結されるようになったのが、一五・六世紀です。マルクスはこう書いています。《商品流通が資本の出発点である。商品生産と発達した商品流通である商業とが、資本の成立する歴史的前提をなす。世界商業と世界市場が、一六世紀に資本の近代的生活史をひらく》(『資本論』第一巻)。このような世界市場は、具体的にいえば、一五世紀にバルト海地域と地中海地域の国際的経済が連結されたときに、さらに、一六世紀にヨーロッパとアメリカ、アジアをつなぐ「大航海」時代が始まったときに成立したのです。

ウォーラーステインは、「世界帝国」が近代以前の政治的・経済的な形態であり、一五・六世紀において、それまで離れていた数多くの世界帝国＝経済圏が結合されたときに、「世界経済」が出現した、といっています。もちろん、それはたんに経済的なものではありません。「世界帝国」が政治－経済的なものであるなら、「世界経済」も同様です。「世界経済」が意味するのは、近代国家や資本主義を一国単位で考えることはできないということなのです。

第一に、国家に関していえば、西ヨーロッパにおける絶対主義国家(主権者)の誕生を、他の国との関係、あるいは「帝国」の中での諸関係を無視して考えることはできません。というのも、「主権」とは、一国だけで存在するものではなく、他の国家の承認によって存在するものだからです。それはまた、他国が主権国家でないならば、支配してよいということを含意する。このことは、ヨーロッパ帝国の中だけでなく、その外にも適用されるのです。だから、そのような支配に対抗する帝国や部族的国家は、自らを主権国家として再組織することになります。このように、西ヨーロッパに始まったとしても、主権国家は世界的に主権国家を生み出さずにはいないのです。

主権も市場も一国ではない

第二に、資本主義的市場経済も一国だけで考えることはできません。それは「世界経済」としてのみ成立するのです。重要なのは、いったん世界市場＝世界経済が成立すると、誰もその外部にあることはできないということです。世界各地の国家や社会構成体が世界経済の中に組み込まれます。このため、西ヨーロッパの一部において生じた事態(産業資本主義)が、その他の世界帝国におよぶことになるのです。

このように、世界経済の下に形成される主権国家と資本主義的市場経済という、政治－経済的なシステムを、ウォーラーステインは「近代世界システム」と呼びました。

資本主義は、一国あるいは西ヨーロッパにおいてだけ発展したのではありません。それは世界市場＝世界経済なしにはありえなかった。いいかえれば、それは、他の部族的共同体を征服して収奪し、他の世界帝国を解体しそれを市場経済の中に引き入れることによって発展したのです。資本主義は旧来の世界帝国やその周辺部を変えてしまいました。

中心・周辺・半周辺

もともと世界帝国では、商品交換は局所的でしかなかった。そして、その中で、ウィットフォーゲルが述べたように、中核、周辺、亜周辺という区分が存在したのです。ところが、世界市場＝世界経済においては、そのような区分が打ち消される。と同時に、それにかわって、別のかたちで中心と周辺が形成されたのです。フランクは、それをメトロポリスとサテライトと呼び、アミンは、中心と周辺と呼び、ウォーラーステインはそれを中心、半周辺、周辺と呼びました。重要なのは、かつて西アジア世界帝国の亜周辺としてあったヨーロッパが中心となるとともに、旧来の中心部が周辺と化したということです。

その場合、注意すべきことがいくつかあります。その一つは、この世界経済の中で周辺部におかれた地域にも、旧来の「世界帝国」の中核と周辺といった差異は残るということです。たとえば、旧来からの周辺的な地域が簡単に西洋諸国によって植民地化されたのに対して、中核だった地域はそれに抵抗しましたし、世界経済における中心と周辺という位階そのものを逆転しようとします。ロシアや中国におこった社会主義革命は、むしろ、そのような企てとしてみるべきでしょう。

第二に、世界市場経済の下で新たに周辺部におかれた地域では、前近代的な形態(農奴制や奴隷制)が見られるのですが、それは古いものの残存ではなく、むしろ世界市場の下で新たに形成されたものです。商品交換の原理が優位をもった世界経済において、略取－再分配という交換原理(農奴制や奴隷制)が見られるとしても、それは世界市場経済の下でとられる様式であり、それにかわって主要な支配的な交換様式となることはけっしてないのです。

2 絶対主義国家の誕生

西ヨーロッパと商品交換

先述したように、世界帝国では商業や交易が発展したのですが、それは帝国によって管理され独占されたものです。そこでは、商品交換の原理は他の交換様式を上回ることができない。だから、商品交換の原理が他の交換様式に優越するような事態は、帝国が一元的な集権性をもたないような地域、つまり、封建的であった西ヨーロッパにだけおこったのです。そこでは、東ヨーロッパやイスラーム圏と違って、教会と帝国の二元性が残った。さらに、帝国の中では、王と封建諸侯が乱立していた。それらの対立を利用して、自由都市が成立したのです。つまり、都市も小さな国家として、王や封建諸侯に並び立つものでした。

絶対主義の条件

このような状態は、東ローマ帝国(ビザンツ)をふくむ集権的な国家(帝国)から見れば、まだ国家とはいえないようなものです。西ヨーロッパにおいて集権的な国家がはじまるのは、絶対主義王権国家によってです。それは、王が、これまで王と並び立っていた多数の封建諸侯を制圧し、また教会の支配権を奪うことによって成立します。このことが可能だったのは、つぎの理由からです。一つには破壊力をもった火器の発明です。火器は旧来の戦力を無効にし、貴族＝戦士の身分を無意味にしてしまった。このことは、国家が暴力の独占に存するという意味で、重要です。

もう一つは、商品経済の浸透です。王は都市の商工業者と結託しつつ、封建諸侯の地租や諸特権を廃止し、地租を独占し、さらに、関税や所得税を得るために、貿易を推進した。権力を奪われた封建諸侯は、国家が得る租税から配分される宮廷貴族となりました。ゆえに、絶対主義王権が、商品交換の原理を全面的に受け入れ、それに立脚していることは明らかです。だが、他方で、国家機構のなかに旧来の支配階級が変形されて残っていることも明らかです。それゆえに、絶対主義王権は、封建社会と資本制社会の間の過渡的な段階でしかないと考えられがちです。しかし、絶対主義王権には、けっして過渡的ではないような、国家の本質が示されています。ここにみられる国家の本質は、市民(ブルジョア)革命ののちにはかえって見えにくくなるのです。

集権的国家の成立

絶対主義国家は、資本制経済の成立に向かう過程としてではなく、集権的な国家の形成に向かう過程として見るべきなのです。そこで注目すべきなのは、絶対主義国家において厖大な官僚組織と常備軍が形成されたということです。これは市民革命以後にもなくならないどころか、いっそう拡大します。このような官僚組織と常備軍は、つとにアジア的な官僚的専制国家において実現されていたものです。実際、フランスの絶対王政は中国の官僚制システムを取り入れています。むろん、中国の国家が賦役貢納制にもとづいていたのに対して、絶対主義国家は商品交換の原理に従うものです。しかし、あとでのべるように、そこには、差異以上に、類似性があるのです。

3　国家と暴力

国民の意志・国家の意志

国家が略取‐再分配という交換様式を独占したということは、絶対主義王権の時期には、誰にとっても明らかでした。なぜなら、王が封建諸侯を制圧した「絶対的」な支配者であることは明白だったからです。ところが、市民革命以後には、そのことがわからなくなる。なぜなら、国家の主権者は国民であると考えられるからです。国家は国民によって選ばれた政府と同じようにみなされる。たとえば、絶対王政では王が税を徴収しそれを再分配していたのに対して、いまや、国民が義務として自発的に納税しそれを再分配するかのように考えられるようになります。

しかし、そのような見方は、国家をその内部だけで考えるものです。国家というものは何よりも、他の国家に対して存在しています。だからこそ、国家は内部から見たものとは違ってくるのです。市民革命以後に主流になった社会契約論の見方によれば、国家の意志とは国民の意志であり、選挙を通して政府によってそれが実行されると考えられています。ところが、国家は政府とは別のものであり、国民の意志から独立した意志をもっていると考えるべきです。

そのことを理解するために、別の例を見てみます。たとえば、かつては、資本家が労働者に君臨していましたが、現在では、資本と経営が分離されています。また、大企業においては、経営者は社員の中から選ばれています。いちおう誰でも末は社長になれるかのように見えるのです。その意味で、経営は社員の総意によってなされるかのように見えます。実際、資本制企業を経営だけでみれば、「労働者の自主管理」とさほど違いはありません。しかし、この経営は窮極的に、資本(株主)に拘束されているのです。社員の総意がどうであれ、経営者は資本の要求——利潤の実現——を満たさなければならない。

国家の本質が見える時

市民革命以後の国家・政府・国民の関係は、このような株主・経営者・労働者の関係に類似するものです。絶対主義王権国家において、国家の存在は明白でした。しかし、市民革命以後、それは隠れてしまいます。それを見ようとすると、われわれは国家ではなく政府を見いだすことにしかなりません。もはや資本家は存在しない、という意味で、もはや国家の主権者は存在しない。だが、資本が存在するという意味で、国家はあくまで存在するのです。このことは通常は見えません。しかし、株主が経営者を解任したり企業を買収したりする場合、ひとはまさに「資本」があるということを実感するでしょう。同様に、国家が存在するということを人が如実に感じるのは、戦争においてです。つまり、他の国家との戦争において、国家の本質が出てくるのです。

社会契約による国家論は、国家を内部から見るものであり、国家と政府を混同するものです。とはいえ、社会契約という考えを全面的に斥けるべきではないと、私は考えます。社会契約は個々人から出発するアトミズムの考え方ですが、だからといって、全体から出発するというような考えでは、国家は共同体と同じようなものになってしまう。国家はやはり一種の交換(契約)によって成立しているのです。私の考えでは、それを示したのがホッブズです。

社会契約と暴力

周知のように、ホッブズは国家(主権者)を、各人が自然権を一人の主権者に譲渡するという社会契約から説明しようとしました。しかし、その場合、彼がいう「契約」が通常のそれとははなはだ異なるということに注意すべきでしょう。ホッブズは、契約とは権利の相互譲渡だというのですが、彼が根底に見いだす契約は、暴力によって強制された契約なのです。

だが、暴力あるいは恐怖によって強要された合意が「契約」でありうるだろうか。然り、とホッブズはいうのです。《恐怖に強要された契約は有効である》。《完全な自然状態のもとで恐怖から結ばれた契約は拘束力を持つ。たとえば、もしも私が敵にたいして、自分の生命の代わりに身代金とか労働を支払うという契約を結ぶならば、私はそれによって拘束される。というのは、それは一方は生命を得、他方は金または労働を得るという契約だからである》(『レヴァイアサン』)。

国家の根底にある暴力

ホッブズは、国家の形成を二つに分けて考えていました。

> 主権を獲得するには二つの方法がある。一つは、自然の力によるものである。たとえば人が子どもや孫たちを彼の支配に服従させ、もしも服従を拒否するならば、これを破滅せしめるというばあい、あるいは戦争によって敵をみずからの意志に従わせ、服従を条件にその生命をえるばあいである。
> 他の方法は、人々が、他のすべての人々から自分を守ってくれることを信じて、ひとりの人間または合議体に、自発的に服従することに同意したばあいである。このばあいをわれわれは、政治的なコモンウェルスあるいは「設立された」コモンウェルスと呼び、前者を「獲得された」コモンウェルスと呼ぶことができよう。(『レヴァイアサン』、永井道雄ほか訳)

ホッブズは二つの方法を述べていますが、根本的には、国家は「獲得されたコモンウェルス」だというべきです。つまり、いかなる国家であろうと、その根底には、独占された暴力による強制がある。同時に、そこには権利の相互譲渡(交換)としての契約がある。というのは、服従する者は「服従を条件にその生命を得る」からです。他方、服従させる者は生命を奪う権利を譲渡することになります。

一方、「設立されたコモンウェルス」は二次的なものです。一般に、社会契約論と呼ばれるのは、そのような見方です。そこでは、個々人が国家(主権者)を形成する。しかし、ホッブズは、個々人が主権者を形成するということよりも、暴力を独占した主権者に対して、人々が恐怖によって服従するということを強調しています。たとえば、絶対主義王権に服従することで、人々は封建諸侯その他の暴力をまぬかれる。あるいは、外の国家からの侵略をまぬかれる。そのような服従と保護の交換としての「社会契約」が、いわゆる社会契約に先行しているのです。

ホッブズが『レヴァイアサン』を書いたのは、ピューリタン革命の最中においてです。イギリスのピューリタン革命では、一六四九年に絶対王権が倒されたあと、クロムウェルの独裁体制があり、さらにそれが倒されて一六六〇年に王政復古となり、一六八八年にいわゆる名誉革命があって、立憲君主制が確立しました。ロックの社会契約論はそれを根拠づけるものです。しかし、ホッブズの『レヴァイアサン』は何を根拠づけようとしたのでしょうか。それが絶対主義王権を擁護するために書かれたのではないということは明らかです。絶対主義時代には、主権者は超越的な存在であるという「王権神授説」があり、それで十分でした。とはいえ、これは共和制を擁護するために書かれたのでもない。彼の考えでは、大事なのは、王政であろうと共和制であろうと、とにかく主権者が存在するということ、そして、それによって暴力的な「自然状態」がなくなるということです。もちろん、それは国家の内部だけでのことであって、他の国家との間では「自然状態」が存続するのです。

交換としての国家

ホッブズは絶対主義王権国家を擁護しているわけではない。が、彼が国家の本質を絶対主義国家に見いだしたことは確かです。どう変形されようと、国家の本質は変わらない。ロックあるいは市民革命以後の思想家は、個々人を主体(subject)と見なし、そこから出発します。しかし、ホッブズの考えでは、「主権者以外のすべての者は彼の《国民》subject である」。つまり、国民という主体は、絶対主義王権に服従する臣下として形成されたのです。だから、ホッブズは個々人から出発するアトミズムとは無縁です。ホッブズは、主権者に対する服従がそれによって安寧を獲得する交換であることを見ぬいた。いいかえれば、彼は一見して交換とは見えないようなものが、実は「交換」であることを見ぬいたのです。

4　官僚支配と福祉国家

国家の自立性は、戦争において示されると私はいいました。通常、国民は、国家というものが実のところ、つねに他国との戦争に備えていることに気づきません。だから、戦争は突然の出来事のように見えます。しかし、それは長期的な展望と戦略によって用意されたものです。そして、それを実行するのが常備軍と官僚機構です。これらが西ヨーロッパでは絶対主義国家によって形成されたものだということは、すでに述べました。

軍と官僚機構

では、それは、絶対主義王権が市民革命によって廃棄されたあと、どうなったのでしょうか。軍と官僚機構は廃棄されるどころか、質量ともに増大したのです。そして、それは別に国民のためではありません。国民主権の下であろうと、国家はそれ自身のために存続しようとするのです。

権力とヘゲモニー

しかし、国家をその内部だけで見ていると、そのようなことが見えなくなります。くりかえしていうと、絶対主義国家では、それまで相互に対立していたさまざまな勢力が抑圧され、専制的な主権者の臣民として同一化されるようになったのですが、この過程では、国家権力の暴力性がはっきりしています。単純にいえば、絶対主義の国家秩序は、新たな警察機構によって維持されたわけです。だから、国家＝警察＝暴力という観念が成立します。しかし、市民革命以後には、国家秩序は、もはやむき出しの暴力によって維持される必要はない。それはむしろ、国民による自発的な同意と服従によって維持されるようになります。

イタリアのマルクス主義者アントニオ・グラムシは、そのような自発的服従をヘゲモニーと呼んで、暴力的な強制である権力と区別しました。つまり、彼は、国家の秩序は暴力装置だけでなく、その成員を自発的に服従するようにさせるイデオロギー的装置（家族、学校、教会、メディア、など）によって支えられているのだということを指摘したわけです。こうした見方の延長線上で、ミシェル・フーコーは、権力が中心にある実体的な何かではなく、ネットワークとして遍在するものだというようなことを主張しました。

このような意見は、国家権力をブルジョアの階級支配のための暴力装置としてみるような古いタイプのマルクス主義者に対する批判としては有効でしょう。しかし、いずれも、国家をその内部だけで見るという点では、つまり、国家が他の国家に対して存在するという位相を見ないという点では、同じことです。国家をその内部だけで見れば、国家に特有の権力は見えなくなります。そこで、国家の権力は、共同体や市場経済がもつ社会的な強制力(ヘゲモニー)と一緒にされてしまう。

官僚支配と議会制

一方、国家の自立性は、それが他の国家に対して存在するという位相においてのみ見いだされるのです。その意味で、国家の自立性を端的に示すのは、軍・官僚機構という「実体」です。社会契約論の観点からいえば、官僚は、議会を通して表現され決定された国民の意志を実行する、「公僕」であると考えられます。しかし、実情はそうではありません。たとえば、ヘーゲルは議会と官僚についてつぎのように考えていました。

国家の最高官吏たちのほうが、国家のもろもろの機構や要求の本性に関していっそう深くて包括的な洞察を必然的に具えているとともに、この職務についてのいっそうすぐれた技能と習慣を必然的に具えており、議会があっても絶えず最善のことをなすに違いないけれども、議会なしでも最善のことをなすことができる。(『法権利の哲学』、三浦和男ほか訳)

ヘーゲルによれば、議会の使命とは、市民社会の合意を得るとともに、市民社会を政治的に陶冶《とうや》し、人々の国政への知識と尊重を強化することにあります。いいかえれば、議会は、人々の意見によって国家の政策を決めていく場ではなく、官吏たちによる判断を人々に知らせ、まるで彼ら自身が決めたことであるかのように思わせることにあるのです。

このような見方を、ヘーゲル自身の議会軽視、あるいはプロシャ民主主義の未発達のせいにすることはできないでしょう。議会制民主主義が発達したはずの今日の先進国において、官僚制の支配はますます強まっています。ただ、そのように見えないようになっているのです。議会制民主主義とは、実質的に、官僚あるいはそれに類する者たちが立案したことを、国民が自分で決めたかのように思いこむようにする、手の込んだ手続きです。

社会福祉と国家

二〇世紀において、国家がケインズ主義的な経済介入、さらに社会福祉や労働政策・教育政策をとるようになったことが注目されます。しかし、国家が経済に介入しなかった時期などあったためしはないというべきでしょう。たとえば、一九世紀に経済的な自由主義と呼ばれたものは、政治的・経済的に世界のヘゲモニーをもったイギリス国家の「経済政策」であって、それはその体制を守るための巨大な軍事予算と課税にもとづいていました。保護主義的な政策をとった後進資本主義国家、フランス、ドイツ、日本などにおいて、国家の経済への介入は自明のことです。まさしく国家が資本主義経済を発展させたのです。そして、それを担ったのが官僚機構です。

こうした変化を、階級支配の観点から見て国家の変質と見るマルクス主義者たちがいます。しかし、たとえば国家が福祉政策をとることは、現代国家に固有のことではないし、階級支配の隠蔽でもないのです。たとえば、そこに、ウェーバーは「家父長的家産制」(アジア的国家)と封建制の違いの一つを見いだしています。すなわち、封建制が行政機能を極小化し、自分自身の経済的存立にとって不可欠な範囲内においてしか隷属民の境遇を考えないのに対して、家父長的家産制においては、行政的関心が極大化される。

したがって、家父長制的家産制は、自分自身に対して、また臣民に対して、みずからを、臣民の「福祉」の保育者として、正当化せざるをえないのである。「福祉国家」こそ家産制の神話であり、それは誓約された誠実という自由な戦友関係に発したものではなく、父と子との間の権威主義的関係にもとづいている。「国父」というのが、家産制国家の理想なのである。したがって、家父長制は、特殊の「社会政策」の担い手たることがありうるし、また、大衆の好意を確保しなければならない十分な理由があるときは、事実、常に社会政策の担い手になった。例えば、スチュアート朝が清教徒的市民層や半封建的名望家層と闘争状態にあった時代の、近世イギリスにおいてそうである。ロードLaudのキリスト

教的社会政策は、半ばは教会的な、半ばは家産制的な動機に発したものなのである。（『支配の社会学Ⅱ』、世良晃志郎訳）

ウェーバーがいうのは、イギリスのスチュアート王朝、つまり、絶対主義王権によってとられた「社会政策」が、家産制国家——アジア的国家——のそれと同じだということです。東ローマ帝国（ビザンツ）もロシア帝国も、さらに、イスラーム国家も「社会福祉政策」をもっていました。それは、国家を略取－再分配という交換様式において見るならば、べつに驚くべきことではありません。

5　国家の自立性

国家は単なる道具か

社会契約の考えによれば、国家は人民による意志決定にもとづくものです。それは国家を政府と同一視することになります。一方、マルクス主義者は、国家を経済的な階級（ブルジョアジー）が支配するための手段として見てきました。それは、国家の自立性を認めないという点では、社会契約論者と同じです。マルクス主義者は階級対立が解消されたならば、国家はおのずから解消されると考える。だから、資本主義経済を廃棄するために国家権力を握ることは、一時的に許容されるという考えになります。しかし、国家は何かのための手段とはなりえない。国家を手段とみなす者は、逆に、国家の手段にされてしまうほかないのです。

たとえば、革命は旧来の国家機構を廃棄するように見えます。しかし、それはただちに外からの軍事的干渉を招くので、革命の防衛のために旧来の軍・官僚機構に依存するほかありません。かくして、旧来の国家機構が保存され、再強化されるようになる。国家をその内部だけから見る考えでは、国家を揚棄するどころか、むしろ、国家を強化することにしかならないのです。

マルクスは『資本論』において国家を括弧に入れています。しかし、それは資本制経済の法則性をとらえるためであって、国家を無視してよいということではありません。資本制経済は、国家による経済への介入なしにはありえないのです。さしあたり国家を括弧に入れてよいのは、国家の介入が、資本制経済の諸原理に従ってしかなされないからです。

しかし、マルクスの主著である『資本論』に国家が事実上抜けていることは、マルクス主義者に国家を軽視させるか、または、逆に、『資本論』以前のマルクスの国家論に回帰させることになりました。一般的には、初期マルクスの考えは、国家は「幻想的共同体」であり、中期の考えでは、国家は階級的支配の装置である、ということになっています。しかし、たとえば、『ルイ・ボナパルトのブリュメール十八日のクーデター』(一八五一年)には、そのような単純な見方を超える省察が見られます。

代表する者とされる者

通常、マルクス主義者は、政治的構造やイデオロギーは、経済的構造によって重層的に決定されている、すなわち、経済的構造から相対的に自立しているというような見方をします。しかし、ここでは、マルクスはもっと具体的に、それを議会制において考えているのです。そもそも議会制を無視して、近代国家を考えることはできません。一八四八年におけるフランスの革命がもたらしたのは、普通選挙です。そして、その後の事態はすべて、この議会(代表制)の中において生じたのです。

一方に、現実の経済的階級の多様な分節化があり、他方に、代表する者たちの言説の多様な分節化がある。それらはどう関係しているのでしょうか。マルクスの考えでは、代表する者(言説)と代表される者(経済的諸階級)との間には、必然的なつながりがありえない。そこにこそ、近代国家を特徴づける、普通選挙による代表制(議会)の特質があるのです。だからこそ、諸階級が自分たちの本来の代表に背を向け、ボナパルトに彼らの代表を見いだすということがありえた。《議会の党がその二大分派に解体しただけでなく、この分派のそれぞれがそれ自身の内部で解体しただけでなく、議会内の秩序党が議会外の秩序党と不仲になった。ブルジョアジーの代弁者と律法学者、彼らの演壇と彼らの新聞、つまり、ブルジョアジーのイデオローグとブルジョアジーそのものとが、代表する者と代表される者とが、互いに疎遠になり、もはや話が合わなくなった》(『ルイ・ボナパルトのブリュメール十八日のクーデター』、村田陽一訳)。

こうして、一八四八年革命の時点では、ナポレオンの甥であるという以外には何ものでもなかったルイ・ボナパルトが、相互に対立するすべての階級・党派を代表する存在になっていったわけです。マルクスは、ボナパルトが大統領から皇帝になっていく過程を、第一にこのような代表制の危機をとおして見たのです。その場合、ボナパルトをたんなる大統領にとどめず皇帝にさせた原因の一つは、最大の人口でありながら、自らの階級を代表する言説も代表者ももっていなかった農民層にあります。彼らはボナパルトを自らの代表者としてではなく、仰ぎ見るような「無制限の統治権力」として見いだした。いいかえれば、大統領というよりも、皇帝として。

国家が前景に

しかし、ボナパルトを皇帝にした原因はそれだけではありません。マルクスはつぎのような存在を忘れていない。《膨大な官僚制組織と軍事的組織をもち、重層的で大げさな国家機構をもつこの執行権力、五〇万の軍隊と並ぶ五〇万の官僚群、網膜のようにフランス社会の肉体に絡みつき、そのすべての毛穴を塞いでいるこの恐ろしい寄生体は、絶対王政の時代に、封建制が衰退しているときに生成したものであり、それがその衰退の加速を助けたのである》(同前)。

さらに、マルクスは一八五一年の周期的世界恐慌がここで大きく作用したことを指摘しています。この経済危機において、普通選挙の議会制の下に隠れていたかにみえる軍・官僚機構が、いいかえれば「国家」そのものが前景に登場したのです。《国家は第二のボナパルトのもとではじめて完全に自立したように見える。国家機構は、ブルジョア社会に対して自分をしっかりとかためた》(同前)。

とはいえ、国家機構が直接に前面に出ることはありえない。国家機構の自立は、ボナパルトが議会をこえた皇帝として自立することによってのみ可能だったのです。たとえば、マルクスは、ルイ・ボナパルトがあらゆる階級に対して気前よく「贈与」することによって権威を得ていく過程を描いています。《ボナパルトはあらゆる階級に対して家父長的な役を演じたいと思う。しかし、彼は、他の階級から取ってこないことには、どの階級にも何もやれない》(同前)。ボナパルトは略取したものを再分配しているだけなのに、それが「贈与」として受けとめられている。そのため、彼はすべての階級に贈与するような超越者、すなわち皇帝として表象されます。しかし、この過程は、国家機構による略取－再分配というメカニズムが、贈与－返礼という互酬の表象の下で機能するようになることを意味しているのです。

フランス革命の反復

実は、こうした過程はすでに第一次フランス革命でおこったことです。第一次フランス革命はブルジョア革命だといわれますが、この革命の担い手は都市の小生産者・職人たちであったし、最終的に権力を握ったのはブルジョアジーではなく、皇帝ナポレオンでした。いいかえれば、ナポレオンを通して「国家」が前面に出てきたのです。この意味では、フランス革命は、イギリスの経済に対して危機的な局面にあったフランス国家の対抗をもたらすものとしてあった。それが一八四八年にもくりかえされたわけです。

一八四八年フランスに始まるヨーロッパ革命の直前に、マルクスとエンゲルスは『共産党宣言』を発表しました。マルクスの予見、つまり世界が資本家とプロレタリアの二大階級の決戦になるだろうという予見は、しかし、まったくはずれました。フランスにおけるボナパルトやプロシャにおけるビスマルクの登場は、国家が自立的な存在であることを如実に示すものです。そして、マルクスがそれを見逃さず本質的な考察を与えたことは、以上からも明らかです。

にもかかわらず、マルクスは、経済的な階級対立が揚棄されるならば上部構造である国家は自然に消滅するだろう、という観点をとりつづけた。そして、そのことがのちに、社会主義にとって致命的な結果をもたらすことになったのです。

2章　産業資本主義

1　マニュファクチュアの時代へ

資本制以前の社会においても、商品交換は存在したし、ある意味では大きな地位を占めていました。しかし、それは略取－再分配という交換様式、互酬的な交換様式に優越することができず、それらを補完する位置にとどまった。西ヨーロッパにおいて商品交換の原理が支配的になるのは、先に見たように、絶対主義王権の時代です。そして、これは「重商主義」と呼ばれる時代、つまり、諸国家が貿易で競争した時代です。

商人資本の変容

商人資本は基本的に、遠隔地との交易を通して、その間の価値体系の差異から剰余価値を得るものです。近世までは、価値体系の差異は地域における自然的・歴史的条件によって規定されていた。しかし、商人資本の活動の結果として、「世界市場」が形成されるようになると、このような差異はもはや利潤を生まなくなります。多数の商人資本が参入し、また、各地でも価値体系が変動するからです。「世界市場」のなかでの交易で、商人資本は、もはやある地域のものを別のところで売るというのではなく、自ら生産を組織し、より安くより多く商品を生産することで、国際的競争に勝たなければならなくなる。自然的な差異にもとづくのではなく、積極的に価値体系の差異を作り出す。そこから出てきたのが、マニュファクチュアです。それは手仕事ではあるが、分業と協業(労働の分割と結合)によって、生産力を飛躍的に上昇させる生産方法です。

マニュファクチュアの時代

マニュファクチュアは資本主義の初歩的形態であるといわれます。確かに、そこには資本制生産の本質が実現されています。実際、アダム・スミスが資本制生産を考察したのは、機械生産以前のマニュファクチュアを通してです。機械の採用が資本制生産を生み出したのではない。逆に、マニュファクチュアにおける分業と協業の組織の発展において、はじめて機械の採用がありえたのです。

機械生産は、マニュファクチュアがすでにもたらしていたことを極大化したにすぎません。それは手仕事に伴う、個人差や性差・年齢差を徹底的に無化してしまうからです。にもかかわらず、マニュファクチュアという形態、あるいはたんに生産様式を見るだけでは、産業資本主義の特質を理解することはできません。

マニュファクチュアは、基本的に、国家と商人資本のヘゲモニーで推進されたものです。絶対主義国家による国家と商人資本の提携は、一方で、世界市場における商品交換のために競争しながら、他方で、世界中の資源(金・銀・その他)を略奪し、各地の部族的共同体を支配する植民地主義をもたらしました。交換による差額で儲けるより、略取によるほうがてっとり早いのです。そして、略取できないときには交換する。「重商主義」と呼ばれる時代の内実は、そのようなものです。ヨーロッパ諸国が世界中を支配する「帝国主義」は、この時期に始まったのです。

世界経済の中の奴隷制・農奴制

世界市場の成立とそこでの競争は、必ずしも産業資本を生み出すものではありません。実際、ヨーロッパ東部では、それが逆に「再版農奴制」と呼ばれるものを生み出したし、アメリカ合衆国の南部では奴隷制が、また、ラテン・アメリカでも農奴制が出現しました。このような奴隷制や農奴制は近代以前のものではなく、ある意味で「近代世界システム」の一環です。

では、商業のグローバルな競争が、むしろ前近代あるいは古代的と見える生産様式をもたらすのは、なぜだろうか。それは、商人資本主義が、基本的に諸国家の間の価値体系の差異に利潤を見いだすものであり、それぞれがどのような生産様式をとるかに無関心だからです。より安くより多く生産できるのであれば、何でもよかったのです。その点では、西ヨーロッパに発達したマニュファクチュアも同じです。一七世紀にオランダは、世界商業、マニュファクチュア、そして、海外植民地においても頂点に立ちました。しかし、ここから「産業資本主義」は生じなかった。それは先ずイギリスに生じたのです。

2　生産＝消費するプロレタリア

生産か流通か

産業資本主義は、商人資本あるいは世界市場の発展の上に生じたものです。これは誰も否定できない事実です。しかし、産業資本がイギリスという特定の歴史的環境で生まれたということも事実です。そこで、産業資本に商人資本とは根本的に異質な何かを見いだそうとする論者がいます。ウェーバーがその代表です(『プロテスタンティズムの倫理と資本主義の精神』)。それに対して、産業資本を商人資本の変形としてみた学者として、ゾンバルトをあげてもいいでしょう。簡単にいえば、産業資本に商人資本からの根本的な切断を見いだす者は、生産過程に注目し、産業資本を商人資本の変形として見る者は、流通過程に注目しているのです。

マルクス主義者の中でも、「封建制から資本主義への移行」をめぐって、国際的な論争がありました。それも、基本的に流通過程を重視する者(スウィージー)と生産過程を重視する者(ドッブ)との対立です。しかし、この点で、マルクスはどうであったのか、といえば、彼はそのどちらでもあり、どちらでもないのです。確かに彼は古典経済学にもとづいて、資本主義を生産過程に見ようとしました。《近代的経済の現実的科学は、理論的考察が流通過程から生産過程に移るところで初めて始まる》(『資本論』第三巻)。

流通を見るマルクス

ところが、マルクスが古典派と異なる点は、あらためて流通過程に焦点を当てたことにある。いいかえれば、彼は、産業資本を商人資本の変形としてみたのです。商人資本の蓄積過程は、貨幣→商品→貨幣+α、つまり、M—C—M'(M+ΔM)として表示されます。

> したがって、資本は、流通から生まれることはできないのであり、しかも流通を離れて生まれることもできないのである。資本は、流通のなかで生まれざるをえないと同時に、流通のなかで生まれてはならないのだ。……貨幣の資本への転化は、商品交換に内在する

法則を基礎にして展開されるべきであり、したがって等価の交換がその出発点と見なされる。まだ資本家の幼虫にすぎぬわが貨幣所有者は、商品をその価値で買い、その価値で売るが、しかもこの過程の終りには、彼が投じたよりも多くの価値を引き出さねばならない。彼が蝶に成長するのは、流通部面においてでなければならず、また流通部面においてであってはならない。これが問題の条件である。さあロードス島だ、さあ跳べ。(『資本論』第一巻)

このアンチノミー(二律背反)は、つぎのように考えれば解決されます。それはM—C—M'という流通過程において、特殊な商品を見いだすことです。その商品とは、それを用いることが生産過程であるような商品、つまり労働力です。くわしくいうと、産業資本は、商人資本のようにたんに商品を買って売るのではなく、みずから生産設備を用意し原料を買い、そして労働者を雇用して、生産した商品(C')を売るわけです。そこで、産業資本の価値増殖過程は、M—C…P…C'—M'(つまり、貨幣—商品(生産手段・原料・労働力)…生産過程…商品—貨幣＋α)という公式で示されます。商人資本との違いは、このCの部分の一部である、労働力という商品にあります。産業資本の価値増殖をもたらすのは、このような商品です。

なぜこの労働力という「商品」が重要なのでしょうか。それは、なぜ農奴や奴隷ではだめなのか、という問いと同じです。産業資本は、生産手段をもたず労働力以外に売るものをもたないプロレタリアを必要とする。そして、産業資本はそのようなプロレタリアを搾取することによって剰余価値を得る。一般に、マルクス主義者はこのことを強調します。しかし、それなら、賃労働制ではなく、奴隷制や農奴制でやればよいのではないでしょうか。実際、それが可能なところでは、それに近い労働管理がなされたし、今もなされています。また、資本制生産のためには、生産手段(土地)をもたないプロレタリアが必要だといわれますが、土地をもたない貧民が都市にあふれている国はたくさんあるのに、必ずしもそこでは産業資本主義は発達していない。

消費者としてのプロレタリア

イギリスで産業資本主義が最初に発展したのは、生産手段をもたず労働力を売るほかないプロレタリアがいたからだといってもよいのですが、それは、たんに貧民がいたということではない。大切なのは、このプロレタリアとは、労働力を売って得た賃金で生産物を買う消費者だということです。産業資本が商人資本と決定的に異なるのは、この点です。商人資本は主として奢侈《しゃし》品を扱いました。それを買うのは王や封建諸侯です。

一方、産業資本の生産物は生活必需品であり、それを買うのはそれを生産したプロレタリア自身です。もちろん、労働者は自分が作ったものを買うのではない。しかし、総体としてみれば、労働者は彼ら自身が作ったものを買い戻すといっていいのです。労働者の消費＝労働力の再生産は、資本の増殖過程の一環としてあるわけです。《労働者階級の個人的消費は、資本家にとって不可欠の生産手段である労働力自身を生産し、再生産するものである。労働者は、その個人的消費を自分自身のためにするのであって、資本家のためにするものでないということは、問題にならない》(『資本論』第一巻)。

資本制への三つの移行

マルクスは封建的生産様式から資本制への移行において、「三様の移行」があるといっています。《第一には、商人が直接に産業資本家になる。商業の土台の上に起こされた諸産業のばあいがそれで、ことに、商人によって原料や労働者とともに外国から輸入される奢侈品工業、たとえば、一五世紀にイタリアでコンスタンティノープルから輸入されたそれのようなばあいである。第二には、商人が小親方を自分の仲買人(middlemen)とするか、あるいはまた直接に自己生産者から買う。商人は生産者を、名目上は独立のままにしておき、その生産様式を変化させずにおく。第三には、産業家が商人となって、直接に大規模に商業のために生産する》(『資本論』第三巻)。

マニュファクチュアの段階では、これらが共存していました。旧来の生産様式を根本的に変えてしまうのは、「第三の場合」です。それが窮極的に第一や第二の資本家を駆逐した。そして、このことが最も早く起こったのはイギリスです。第一や第二の形態にもとづいていたオランダにとってかわったのです。産業資本が優位に立つとともに、商人資本はたんに産業資本の一端を担う商業資本に転落します。

国内市場を作った英国

イギリスで産業資本主義が起こったのは、商人とギルド的な職人がいた都市ではなく、農村の近傍に形成された新しい都市＝市場です。そこに、農村からプロレタリアがつぎつぎに入ってきた。そこで、「産業家が商人となって、直接に大規模に商業のために生産する」ということがありえたのです。そして、プロレタリア自身がその生産物を買い消費した。各地にできたそうした自律的な市場圏がつながって、国内市場が作り出されたわけです。

単純化していえば、商人資本が外国（遠隔地）に向かっていたのに対して、産業資本は国内に遠隔地を見つけた。そして、それがまさに生産＝消費するプロレタリアであったということです。

3　技術革新による存続

プロレタリアとはむしろ消費者である。このことを考えないと、産業資本における剰余価値について理解することができません。ちなみに、剰余価値は、利潤とは似て非なるものです。利潤は個別資本(企業)にとって経験的に実在するものですが、剰余価値は経験的に存在するものではない。しかし、それは、資本一般について、その増殖がどのように可能なのかを明らかにするために必要な概念です。たとえば、労働者が作ったものを買い戻すというとき、それは、自分の作ったものではなく、他の企業で労働者が作ったものを買うという意味です。だから、個々の資本のレベルだけでは、剰余価値を云々することはできません。

剰余価値の実現

マルクスは、商人資本と違って、産業資本は生産過程において剰余価値を得るということを強調しましたが、同時に、それはまだ剰余価値の実現ではない、といっています。剰余価値が真に実現されるのは、その生産物が流通過程において売られるときである。《生産物が売れないとか一部分しか売れないとかであれば、あるいは生産価格以下の価格でしか売れないとすれば、労働者はたしかに搾取はされたが、彼の搾取は資本家にとっては搾取として実現されていないのであって、しぼりとった剰余価値がまったく実現されないこともあれば部分的にしか実現されないこともあるというだけでなく、実に彼の資本の一部または全部の喪失をともなうことさえもあるのである》(『資本論』第三巻)。

ここにあるのは、さきほど述べたのと同じアンチノミーです。すなわち、剰余価値は流通過程では生じないし、また、流通過程でしか実現されない、ということです。しかし、このアンチノミーはつぎのように考えれば解消されます。産業資本は、労働者が労働力を売り、そして消費者として彼らの生産物を買い戻すという広義の「流通過程」から、剰余価値を得るのだ、と。

剰余価値はどこから

資本が得る剰余価値は、労働力商品の価値と、労働者が生産した生産物の価値との差額にあります。では、どうしてここに差額が生じるのでしょうか。注意すべきなのは、この差額を労働時間の延長とか強化に求めてはならないということです。そのような見方では、資本制生産は、貢納的・封建的な収奪(経済外的強制)の変形だということになってしまう。産業資本は、それとは違った原理、つまり合意による交換にもとづくのです。もちろん、「経済的強制」が時に農奴制や奴隷制よりもひどい労働条件をもたらすことはあります。すなわち、過剰な労働人口が、賃金を下げ、労働条件の悪化を許すからです。
しかし、産業資本の剰余価値は根本的に、労働者を奴隷的に働かせることによって得られるようなものではない。もしすべての資本が労働者を奴隷的に働かせるならば、その生産物を買う者がいなくなり、総体として、資本の剰余価値は実現されないことになります。産業資本の剰余価値は、あくまで労働者が作ったものを買い戻すことによって得られるのです。

ゆえに、産業資本を特徴づける剰余価値は、マルクスが「相対的剰余価値」と呼んだものです。これは、技術革新によって労働生産性を上げ、労働者に支払われた労働力の価値以上の価値を実現することによって得られます。相対的剰余価値は、労働者を直接的に搾取するものではなくて、総体として労働者が自らの作ったものを買い戻すという過程を通して得られるのです。

強いられた技術革新

資本は貨幣の自己増殖、つまり、M—C—M'(M+ΔM)として存在します。ゆえに、剰余価値ΔMがなければ、存続できない。その場合、商人資本が空間的に価値体系の差異から剰余価値を得るのに対して、産業資本は、技術革新や新商品開発を通じて、価値体系を時間的に差異化することによって、剰余価値を得ます。しかし、その結果、産業資本は存続するために、たえまなく技術革新を行うことを強いられます。人類史において、産業資本主義以後ほど、技術革新が加速された時代がないのは、そのためです。

このような技術革新を賛美する人もいれば、それを非難する人たちもいます。しかし、必要なのは、それが何によるのかを明らかにすることです。産業資本は世界を文明化するためにではなく、自らが存続するためにこそ技術革新を運命づけられているのです。無益というよりむしろ有害な技術の革新や商品の差異化も、資本が存続するためにこそ不可欠なのです。

4　自己再生的システム

労働者と消費者

あらためていうと、産業資本の剰余価値は、労働者が労働力を売り、そしてその生産物を消費者として買い戻すという広義の「流通過程」にしかありません。このことは、剰余価値が個別資本においてではなく、社会的総資本において考えられねばならないということを意味します。たとえば、マルクスはつぎのように言っています。

どの資本家も、自分の労働者については、その労働者にたいする自己の関係が消費者に〔たいする〕生産者の関係でないことを知っており、またその労働者の消費を、すなわちその交換能力、その賃金をできるだけ制限したいと望んでいる。もちろん、どの資本家も、他の資本家の労働者が自分の商品のできるだけ大きな消費者であることを望んでいる。だが、おのおのの資本家が自分の労働者にたいしてもつ関係は、資本と労働との関係一般であり、本質的な関係である。ところが、まさにそのことによって、幻想が、すなわち自分の労働者を除くそのほかの全労働者階級は、労働者としてではなく、消費者および交換者として、貨幣支出者として、自分に相対しているのだ――個々の資本家を他の全ての資本家から区別するなら、彼にとってこのことは真実なのであるが――、という幻想が生まれてくる。（中略）

資本を支配〔・隷属〕関係から区別するのは、まさに、労働者が消費者および交換価値措定者として資本に相対するのであり、貨幣所持者の形態、貨幣の形態で流通の単純な起点――流通の無限に多くの起点の一つ――になる、ということなのであって、ここでは労働者の労働者としての規定性が消し去られているのである。（『資本論草稿』第二巻、渡辺憲正訳）

以上の考察から、幾つかのことが考えられます。第一に、労働者は資本家に対してたんに

「隷属関係」にあるだけでないということです。労働者は個々の生産過程では隷属するとしても、消費者としてはそうではない。逆に、資本は消費者としての労働者に対して「隷属関係」にあるのです。私はここに、産業資本主義に対する闘争の鍵があると考えます。それに関しては、最後に論じます。

第二に、以上の考察は、個別資本の運動の過程だけでは剰余価値を考えることはできない、ということを意味しています。資本は最終的に生産物を売らなければ、つまり、生産物が商品として価値を獲得しないならば、剰余価値そのものを実現できない。ところが、それを買う者は、他の資本か、他の資本のもとにある労働者である。各資本は利潤を追求するとき、なるべく賃金をカットしようとする、あるいはできるだけ長時間働かせようとする。だが、すべての資本がそうすれば、剰余価値を実現できない。なぜなら、生産物を買う消費者は労働者自身だからです。

大量生産と大量消費

個別資本が利潤を確保しようとすればするほど、総体として不況が悪化します。一九三〇年代の大不況(デフレ)において、資本総体はこのような傾向を逆転させました。すなわち、高賃金によって、耐久消費財(車と電気器具)の大量生産と大量消費を実現し、不況を脱出しようとしたのです。それはフォーディズムと呼ばれています。

以後、「消費社会」が出現した。それ以来、人々は、イデオロギーは終わった、階級闘争は終わった、資本主義そのものが変質したのだ、といいはじめました。しかし、このときむしろ、産業資本の剰余価値が労働者が作ったものを労働者自身が買い戻すときに生じる差額にもとづくという原理が、全面的に実現されたといったほうがいいのです。

こうした変化は、すでに、マルクスが『資本論』を書きはじめた一八五〇年代のイギリスにあらわれています。そこでは、激しい社会主義運動が一八四八年に頂点に達したのちに衰退しました。それは、労働者階級が政治的な諸権利(参政権や労働組合の合法化)を得たからだけではなく、彼らがいわば「消費者」として存在しはじめたからなのです。それは、彼らが真の意味で、産業プロレタリアートになったということです。イギリスではそれ以前(ヨーロッパではそれ以後も)プロレタリアと呼ばれていたのは、産業資本の下にある労働者ではなく、むしろそれによって追いつめられた職人的な労働者だったのです。

自己再生的システム

マルクスが『資本論』を書いていたのは、一八五〇年以後のイギリスにおいてです。一方で、労働者の貧窮化や労働条件の悪化ということを指摘しつつ――それは産業資本主義がようやく始まったばかりの地域では今も否定できない事実です――、マルクスは、資本制経済が、労働者が生産したものを自ら買うことによって実現される自己再生的(オートポイエーシス的)なシステムであることを把握していました。産業資本主義を特徴づけるのは、たんに賃労働者が存在するということだけでなく、彼らが消費者となるということです。つまり、産業資本主義の画期性は、労働力という商品が生産した商品を、労働者が労働力商品を再生産するために買うという、自己再生的なシステムを形成した点にある。それによって、商品交換の原理が全社会・全世界を貫徹するものとなりえたのです。

このように産業資本主義が自己再生的なシステムにもとづくということは、資本が、商人資本のように流通過程での差異から利潤を得ようとすることと矛盾しません。資本総体にとっては、剰余価値はどこから来ようとかまわないからです。しかし、根本的には、資本制経済は、技術革新－労働生産性の向上という「差異化」なしに存続することはできません。

5　資本の限界

土地の商品化

くりかえすと、産業資本主義が存立するためには、たんに賃金によって働く労働者だけではなく、支払われた賃金で自らの作ったものを買いもどす消費者が必要なのです。プロレタリアとはそのような人たちです。しかし、そのような人たちが容易に出てくると考えてはなりません。カール・ポランニーは、市場経済が「自己調整的システム」として自立するためには、労働力、土地および貨幣が「擬制商品化」することが不可欠で、それが歴史的に具体化したのは一八世紀末以降でしかない、といっています。この場合、土地の商品化と労働力の商品化は、相互にむすびついた事態です。というのは、労働力の商品化には、土地の商品化、つまり、私有化が先行しなければならないからです。

囲い込みの結果

イギリスにおいては、一三世紀には農奴制が事実上消滅していました。農民は、領主に封建地代（金納）を支払いつつも、独立小生産者となっていたからです。ただ、まだ共同体が色濃く残っていました。彼らは共有地（コモンズ）をもち、農業に必要な三圃制や協同作業などの共同体的ルールを保持していたのです。

このような農民の多くを土地から引きはがしたのが、「囲い込み」です。毛織物産業の需要から、羊を増産するため、領主が耕地を牧草地に変えて農民を追い出したのが、その最初です。マルクスは、このように、農民を生産手段（土地）から引きはがす過程が資本主義にとって不可欠な前史であると考え、それを「原始的（本源的）蓄積」と呼びました。

その結果生じたのがプロレタリアですが、マルクスがそれを「二重の意味で自由な」人々と呼んでいることに注意すべきだと思います。彼らは第一に、生産手段をもたない（free from）という意味で自由であり、第二に、共同体(都市のギルド共同体をふくむ)の拘束から自由である。そして、この二つは切り離せないのです。

たとえば、農民の場合、共同体に住んでいれば、土地がなくても、共有地を利用したり互酬的な援助を受けたりして、何とか生きていける。その分、彼らは共同体的な拘束に属しているのです。同じことが、都市で工業に従事する職人についてもあてはまる。彼らは徒弟制的な共同体(ギルド)に属しており、資本制的な賃労働を嫌う。それに比べると、産業プロレタリアとは、互酬的な共同体の原理をもたない人々だといってよいでしょう。

資本に抗する基盤

しかし、産業資本主義がはじまって、このようなプロレタリアが急激に増大したかといえば、必ずしもそうではありません。近年にいたるまで、世界各地の人口の大多数を占めるのは農民か、都市の貧民でした。彼らは商品交換の世界にさらされてはいるが、互酬の原理で生きている。誰かに金が入れば、みんなで使う。それは平等主義的で相互扶助的ですが、悪くいえば、怠惰で、社会的に上昇しそうな他人にたかり、その足を引っ張るような共同体です。したがって、労働力の商品化に抵抗するのは、いわば共同体の原理だといっていいでしょう。それが経済的な停滞の原因でもあり、同時に、資本主義化に抵抗する基盤でもありえたのです。

一九九〇年まで、そのような世界は「第三世界」と呼ばれていました。さらに、資本主義的な交換原理を斥ける「社会主義圏」(第二世界)がありました。「第三世界」の多くは、その方向をめざしていました。こうした国家社会主義が停滞し、瓦解していったことは知られています。しかし、案外知られていないのは、世界資本主義もまた一九七〇年代以来、根深い不況に直面していたということです。

グローバル化

というのも、先進国では、資本はその内部において差異化の飽和点に達していたからです。そこからの出口は、これまで世界市場から隔離されていた旧社会主義圏およびその影響下にあった地域への「資本の輸出」に見いだされた。それがグローバリゼーションと呼ばれている事態です。それは、新たな「労働力商品」、つまり、厖大な労働者=消費者を見いだすことにほかなりません。このことは、産業資本主義にとって新奇なことではありません。しかし、これはインドや中国などの巨大な人口を巻き込むものであるがゆえに、それまでに露呈していた諸矛盾を爆発的に激化するものです。

あらためていうと、産業資本主義は、「商品が作った商品を商品が買う」という自己再生的なシステムです。資本主義のグローバリゼーションとは、このシステムをグローバル化することです。しかし、ここには致命的な限界があります。それは産業資本主義に固有のものです。

資本の限界

産業資本は、本当は商品にはならない二つのものが商品になったときに成立した。すなわち、労働力と土地です。これらは資本が自ら作り得ないものです。たとえば、資本は労働力商品を作ることはできない。他の商品と違って、需要がなければ廃棄するということはできない。不足したからといって増産することもできない。また、移民で補充しても、あとで不要になっても追い出すことはできない。産業資本は労働力商品にもとづくことで、商人資本のような空間的限界を超えたが、まさにこの商品こそ資本の限界として、内在的な危機をもたらすのです。実際、資本にとって思い通りにならない労働力の過剰や不足が、景気循環を不可避的なものとするわけです。

人間と自然の破壊

だが、商品にならないものの商品化は、資本にとって内在的な障害であるだけではない。それは、人間をふくむ自然にとっても破壊的なものです。まず人間からいえば、労働力商品としての人間は、家族、共同体、民族などから切断されます。すなわち、互酬的関係をうしなう。人々はそれをナショナリズムや宗教という形でとりかえそうとするでしょうが、それはそれで別の災禍をもたらす。おそらく、商品交換の原理に対してぎりぎりまで抵抗するのは、家族でしょう。しかし、最近では家族の互酬原理さえも解体されつつあります。

つぎに、資本の限界は、それが自然を商品化したことにあります。生産はつねに、同時に廃棄物の生産です。資本制生産は、それ以前の段階では可能であった再生的なエコシステムを破壊してしまう。特に、石油にもとづく産業のグローバルな拡大は、自然を再生できないほどに破壊してしまう。つまり、環境汚染や温暖化が致命的な結果をもたらすことは明白です。ところが、資本はその運動を止めることはできない。自己増殖的でないかぎり、資本は資本ではなくなるからです。資本主義は差異化が不可能となる時点で終わるということはできますが、その運動を放置するかぎり、それが終わる前に人間と自然の大半が未曾有の破壊に直面するでしょう。

6 資本への対抗

対抗のあり方

では、資本に対してどのように対抗すればよいのでしょうか。その鍵は、先ほど述べたように、産業資本主義が、労働者が作ったものを自ら買うことによって成り立つシステムだということにこそあります。ただ、このことは産業資本主義が十分に発展した段階で明確になるので、それまでは、資本主義の特質は、旧来の生産や生産関係を破壊する面において、また、「賃金奴隷」の酷使という面において目立っていました。だから、資本主義に対する闘争が、生産点で労働者が資本に対抗することに見いだされたことは無理もないのです。

半封建的・奴隷制的な労働の強制は、世界資本主義の周辺部や底辺部では今も存在します。そこでは、労働者の反抗や闘争を抑圧する政治的・法的な体制がある。だから、それを打倒する戦いが今後も必要だということは確かです。しかし、そのようなところに産業資本主義の本質を見いだすことはできないし、また、たとえそのような制度を打倒したとしても、それが資本主義を超えるものではありえない。産業資本は、あくまで商品交換の原理を貫徹しつつ、剰余価値を得るというシステムです。旧来のような「階級闘争」では、それに対して対抗することはできないのです。

革命の失敗

先に述べたように、マルクスが『資本論』を書いていた時期のイギリスにおいて、すでに、それまでの「階級闘争」が通用しないような事態が生じていたのですが、この傾向は、一八九〇年代にはドイツでも顕在化しました。老エンゲルスも、かつて『共産党宣言』などで主張していた方法を時代遅れだといい、議会主義的な革命路線を認めました。エンゲルスの死後、それはカウツキーによって継承され、さらに、エンゲルスの遺産相続人であったベルンシュタインが旧来の革命を否定して「修正主義」を唱えたわけです。それに対して旧来の階級闘争と革命に固執した者たちは、先進国ではなく、後進資本主義国に革命を見いだそうとしました。二〇世紀の社会主義革命が、ロシア、中国、その他、すべて周辺的な資本主義国でおこったことはいうまでもありません。

しかし、それらは資本主義をその先進的・中核的な場で撃つことではなかった。先進国では、社会主義運動は社会民主主義的であるか、さもなければ、ロシアや中国のマルクス主義を導入したものでした。そして、それらは、結局、産業資本主義に対する理解が欠けていたということを意味します。産業資本を、生産点における搾取という観点でみるならば、その本質をほとんど理解できないでしょう。資本制の発展とともに、資本と経営の分離がおこります。資本家はたんなる株主として生産点から離れ、他方、経営においては、一般に官僚制が採用される。経営者と労働者の関係はもはや身分的階級ではなく、官僚的な位階制になる。ウェーバーは、資本制企業が国家と同様に官僚的なシステムを採用したことを重視しました。

労働者という存在

こうして、生産点でみるかぎり、「資本」と「賃労働」の関係はもはや主人と奴隷の関係ではない。個別企業では、経営者と労働者の利害は一致します。だから、生産点においては、労働者は経営者と同じ意識をもち、特殊な利害意識から抜け出ることは難しいのです。たとえば、企業が社会的に害毒となることをやっていても、労働者がそれを制止することはしない。生産点においては、労働者は普遍的でありえないのです。企業や国家の利益に傾きます。それに対して、たとえば、環境問題に関して、消費者・住民のほうが敏感ですし、すぐに世界市民的な観点に立ちます。

では、労働者が狭い意識に囚われるのはなぜでしょうか。それは、労働者が「物象化された意識」(ルカーチ)に囚われているからではないし、また、労働者階級が後進資本主義国からの搾取の分け前をもらっているためにに、資本家と同じ立場に立つようになったということでもない。生産過程においては、労働者は資本に従属的であるほかないのです。しかし、労働者は流通過程において、消費者としてあらわれます。そのとき彼らは資本に優越する立場に立つわけです。

消費者としての対抗

産業資本主義が粗野な段階にあり、奴隷制や農奴制の変形でしかないようにみえた時期には、それに対する闘争が生産点で起こったのは当然です。しかし、産業資本が、労働者が作ったものをみずから消費者として買いもどすというシステムとして確立するようになってくると、いいかえれば、消費社会になってくると、旧来の階級闘争が無効になってくるのも、また当然です。ところが、そうなると、今まで階級闘争を唱えていた人びとが転向して、資本主義は根本的に変わったといいはじめる。その結果、資本制経済に対する対抗を放棄してしまう。しかし、資本主義的経済は変わったのではなく、いっそうグローバルに深化しただけです。

資本に対抗する運動は、そのような資本主義に対する理解なしにはありえません。たとえば、社会運動の中核は、労働者ではなく、消費者や市民が中心になった、という人たちがいます。しかし、何らかのかたちで賃労働に従事しないような消費者や市民がいるでしょうか。消費者とは、プロレタリアが流通の場においてあらわれる姿なのです。であれば、消費者の運動はまさにプロレタリアの運動であり、またそのようなものとしてなされるべきです。

資本は生産過程におけるプロレタリアを規制することができるし、積極的に協力させることもできます。これまで生産過程におけるプロレタリアの闘争として(政治的)ストライキが提唱されてきましたが、それはいつも失敗してきました。しかし、流通過程において資本はプロレタリアを強制することはできません。働くことを強制できる権力はあるが、買うことを強制できる権力はないからです。流通過程におけるプロレタリアの闘争とは、いわばボイコットです。そして、そのような非暴力的で合法的な闘争に対して、資本は対抗できないのです。

3章　ネーション

1　ネーションの誕生

世界帝国の解体から

ネーション＝ステート（国民国家）は、世界資本主義の下で、世界帝国が解体されていく過程で生じたシステムです。それを見るためには、先行する世界帝国について知っておく必要があります。今日のネーション＝ステートはすべて、旧来の世界帝国の分節化として形成されたか、または近代の帝国主義による分節化によってできたものです。近代の帝国主義については最後の第Ⅳ部で論じます。ここで強調したいのは、ネーション＝ステートが白紙から作られたのではなく、世界帝国という「地」の上に成立したということです。

こうした過程は西ヨーロッパに限定されるものではありません。というよりも、西ヨーロッパにネーションの形成をもたらした世界市場＝世界経済は、各地に同じことを強いたからです。すなわち、ネーションの形成は、近代の主権国家と資本主義が、旧来の世界帝国を解体していく過程で、不可避的に生じたのです。世界帝国においては、多数の民族がいても民族の対立は生じなかった。それは、世界帝国がどこでも、支配下にある多数の部族的な国家・共同体に干渉することなく全体を統治するものとしてあったからです。

封建制の解体

そのことを踏まえた上で、西ヨーロッパでネーション＝ステートが形成された過程を見ていきたいと思います。それは、西ローマ帝国を継承するかたちで存在していた神聖ローマ帝国などの解体としてはじまっています。このような帝国や王国では、皇帝も各地の王も、封建諸侯に対して絶対的に優越するような立場にはなかった。「封建制」とはむしろ、そういうものなのです。各地で、王・封建諸侯、教会などが並び立つかたちで争っていた。しかし、帝国は政治的に弱かったけれども、その同一性は、共通の宗教(ローマ教会)や共通の文字言語(ラテン語)というかたちで存在していました。この点では、東アジアの帝国が仏教や儒教を共有し漢字を共通言語とし、西アジアの帝国がイスラーム教とアラビア文字言語を共有したことと同じです。

西ヨーロッパにおいて、このような「帝国」の分解が明瞭になるのは、絶対主義国家の成立においてです。すでに何度も述べたように、それは、王が市民(ブルジョア)階級と結託して、封建諸侯を制圧し、すべての人々に君臨する主権者となるものです。それは、根本的には、貨幣経済の浸透の結果です。

たとえば、農奴が賦役や年貢を金納するようになる場合、領主－農奴という封建的関係は、地主－小作人という関係に変形されます。貨幣経済の浸透は、このように実質的に封建的(経済外的)強制を無化します。他方、そのような封建諸侯を制圧した王は、領主たちが得てきた封建地代を独占し、それを国家への租税に変形します。このような主権国家が各地にできてきたとき、西ヨーロッパの世界帝国は解体されたといっていいわけです。

帝国の解体は、ラテン語やローマ教会からの自立というかたちでも生じています。

宗教改革の意味

おそらく、ルターによる聖書の翻訳は、これらを兼ね備えた代表的な事件だといっていいでしょう。ルターの宗教改革は一般に宗教の問題だと考えられていますが、もっと複合的な意味をはらんでいるのです。ローマ教会への彼の反抗は、直接的には免罪符の否定としてあったわけですが、それは同時に、いわば封建勢力としてのローマ教会の経済的支配への反抗にほかならなかった。その意味で、ルターの宗教改革は「帝国」の下位にある部族国家の自立をはらみ、したがって、それは帝国の法や教会法を超えた主権国家や、さらに封建的諸制度からの解放を求める農民運動をもたらしたのです。同時に、忘れてならないのは、ルターが『聖書』を俗語（高地ドイツ語）に訳したことが別の意義をもったということです。すなわち、それは『聖書』を大衆に近づけ宗教改革を広げただけでなく、のちに標準的なドイツ語の母体となりました。

臣下としての同一性

もちろん、絶対主義国家の段階はまだネーション＝ステートではありません。ネーション＝ステートが生まれるのは、市民革命によって、こうした絶対的主権者が倒され、人民主権が成立する段階です。しかし、ネーションの基盤が作られるのは、絶対主義王権の時代なのです。通常は、そのことが忘れられています。まるで人民（people）が王政から主権をとりかえしたかのように思われていますが、人民はまさに絶対的主権者の臣下として形成されたのです。つまり、それまでさまざまな身分や集団に属していた人たちが、主権者の下で臣下として同一の地位におかれたときに、はじめて人民となった。国民は、まず臣民として形成されたのです。このような臣下としての同一性は、他方で、封建制において存在したさまざまな共同体が解体されることによって生じます。

このことは西ヨーロッパに限られる現象ではありません。近代の主権国家と資本主義は、各地で旧来の世界帝国を解体するとともに、その下に存在した多数の共同体——藩、部族、親族、中国の幇《パン》のような結社、カトリック・ユダヤ教・イスラーム教などに見られる宗教共同体――を解体していった。ネーションはそれとともに形成されたのです。逆にいうと、こうした各種共同体が濃厚に残っているとき、ネーションの形成は難しい。また、ネーションが崩壊するか弱体化するとき、それにかわって、宗教的共同体や血縁的共同体が強くなります。

暴力過程とその忘却

一般的にいって、それまで身分・部族・共同体・言語によって分かれていた人々が、その差異をこえた同一性をもつのは、絶対的な主権者の臣下となるときです。それはたとえば、明治日本のケース――徳川の幕藩体制を廃棄して、天皇の下にすべての者を臣下とすることによって、国民を作り出した――にあてはまります。また、それは発展途上国型の独裁体制についても、社会主義国家の独裁体制についてさえあてはまるでしょう。おそらく、このような暴力的過程をへないかぎり、ネーションとしての同一性をもつことはできない。と同時に、ルナンが指摘したように、そのような暴力的過程が集団的に「忘却」されないかぎり、ネーションは確立されないのです。なぜなら、それは新たな分裂を作り出すに決まっているからです。

2　共同体の想像的回復

感情の絆

ネーションは、市民革命によって絶対的主権者が倒され、個々人が「自由と平等」を獲得するときに成立します。しかし、ネーションが成立するには、それだけでは不十分なのです。そのためには、個々人の自由や平等のほかに、個々人の間の共同性が必要となります。たとえば、フランス革命では、自由・平等・友愛というスローガンが唱えられました。その場合、「友愛」は、個々人の間の共同性を意味します。ネーションに必要なのは、まさに「友愛」という言葉で示されるような感情です。

ネーションをこのような感情(sentiment)から説明するのは、皮相な見方のようにみえます。それよりも、ネーションを民族的(エスニック)、言語的な同一性、あるいは経済的な同一性という現実的な基盤から説明するほうがましだと思う人がいるでしょう。しかし、その種の同一性は必ずしもネーションを形成しないのです。むしろしばしば、ネーション形成の妨げになります。ゆえに、ネーションについて考えるとき、われわれはむしろそれを「感情」において見るべきです。

しかし、それは問題を心理学に還元することではなく、その逆に、感情というかたちでしか意識されない「交換」を見ることを意味するのです。先に私は、たとえば罪責感のような感情には、一種の交換がひそんでいると述べました。むろん、それは互酬的な交換であって、商品交換とは違います。商品交換の場合、ひとはむしろ感情を離れて、いわばビジネスライクにふるまうことができます。ところが、互酬的な交換に由来する債務感は、金で返すことで解消できないものであり、経済的には「非合理的」なものです。

マルクス主義の盲点

ネーションという問題は、マルクス主義者を躓かせてきた問題の一つでした。彼らにとって、ネーションは、近代資本主義的経済構造によって生み出されたイデオロギーでしかなかった、つまり、啓蒙によって解消すべきものでしかなかった。ところが、そのようにネーションを軽視したマルクス主義者の運動は、ナショナリズムを掲げたファシズムに屈しただけでなく、社会主義国家自体がナショナリズムを掲げ、互いに抗争するにいたったのです。

ベネディクト・アンダーソンは、彼がネーションについて考察したのは、中ソの対立、中国とベトナムの戦争のような出来事に直面し、マルクス主義の盲点に直面させられたからだと述べています。彼はネーションを「想像された共同体」(imagined community)としてとらえた。一見すると、これは旧来のマルクス主義者の見方――ネーションは人がそれから目覚めるべき共同幻想(迷蒙)であるという見方と同じようにみえます。つまり、啓蒙主義的な観点です。

宗教の代替

しかし、一つアンダーソンが違っているのは、ネーションがむしろ啓蒙主義の結果として生じたということを見ていた点です。すなわち、彼は一八世紀西洋におけるネーションの発生を、むしろ啓蒙主義、合理主義的世界観の支配の中で宗教的思考様式が衰退したところに見いだしたのです。彼の考えでは、ネーションは宗教にかわって、個々人に不死性・永遠性を与え、その存在に意味を与えるものです。

人の死に方がふつう偶然に左右されるものとすれば、人がやがては死ぬということはのがれようのない定めである。人間の生はそうした偶然と必然の組み合わせに満ちている。我々はすべて、我々の固有の遺伝的属性、我々の性、我々の生きる時代の制約、我々の身体的能力、我々の母語等々の偶然性と不可避性をよく承知している。伝統的な宗教的世界観の偉大な功績(それはもちろん伝統的な宗教的世界観が特定の支配・収奪体制の正当化に果たしてきた役割とは区別されなければならない)――それは、これらの宗教的世界観が、宇宙《コスモス》における人、種としての人、そして生の偶然性に関わってきたことにあった。仏教、キリスト教、あるいはイスラムが、数十ものさまざまの社会構成体において数千年にわたって生き続けてきたこと、このことは、これらの宗教が、病い、不具、悲しみ、老い、死といった人間の苦しみの圧倒的重荷に対し、想像力に満ちた応答を行ってきたことを証明している。(『想像の共同体』、白石隆・白石さや訳)

そしてナショナリズムは、宗教にかわって「想像力にみちた応答をおこなってきた」とアンダーソンはいう。しかし、ここで、アンダーソンがいう、啓蒙主義によって解体された宗教的世界観とは、むしろ農業共同体の世界観だというべきです。キリスト教であれ、仏教であれ、普遍宗教は共同体に反して形成されたものですが、現実に、共同体に根をおろしたとき、共同体の要求を満たさなければならなかった。したがって、共同体の解体とともに、むしろ普遍宗教はその本来的性格をとりもどしたといってよい。実際、宗教は、個人主義的な宗教(プロテスタンティズム)としては、むしろ、啓蒙主義以後に発展しているといわねばならないでしょう。

共同体の想像的回復

共同体の崩壊は、それがもっていた「永遠」を保証する世代的な時間性の喪失でもありました。農業共同体の経済においては、たんに生きている者たちの間の互酬だけでなく、死んだ者（先祖）とこれから生まれてくる者（子孫）との間にも相互的な交換が想定されていた。たとえば、生きている者は子孫のことを考えて行動し、また、子孫は彼らのために配慮してくれた先祖に感謝する。農業共同体の衰退とともに、自分の存在を先祖と子孫の間におくことで得られるこのような永続性の観念も滅びます。普遍宗教は個人の魂を永遠化するでしょうが、共同体のこうした永続性を回復しません。そして、それを想像的に回復するのがネーションなのです。したがって、「国民」とは、現にいる者たちだけでなく、過去と未来の成員を含むものです。

ネーションにはこのようにメタフィジカルな基盤があります。しかし、それは、ネーションが経済や政治と違った、何か精神的レベルの問題だということを意味するのではありません。たんにそれは、ネーションが商品経済とは違ったタイプの交換、すなわち、互酬的交換に根ざすということを意味するのです。ネーションとは、商品交換の経済によって解体されていった共同体の「想像的」な回復にほかなりません。

3　想像力としてのネーション

想像力の主題化

さらに注目すべきことは、一八世紀後半のヨーロッパに、アンダーソンがいうような「想像された共同体」が形成されただけではなく、まさに「想像力」そのものが特殊な意義をおびて出現したということです。ネーションが成立するのと、哲学史において想像力が、感性と悟性(知性)を媒介するような地位におかれるのとは同じ時期です。それまでの哲学史において、感性はいつも知性の下位におかれていましたが、想像力も、知覚の擬似的な再現能力、あるいは恣意的な空想能力として低く見られていました。ところが、この時期はじめて、カントが想像力を、感性と知性を媒介するもの、あるいは知性を先取りする創造的能力として見いだしたのです。

たとえば、ロマン派詩人・批評家コールリッジは、カントにもとづいて、空想(fancy)と想像力(imagination)を区別しました。想像力はたんなる空想ではない。その意味で、ネーションは「想像された共同体」であるという場合、それは「空想」ではなく「想像」だということに留意すべきです。いいかえると、それはたんなる啓蒙によっては消すことができないような根拠をもっているのです。

スミスの「共感」

ネーションの感情が形成されるのと、想像力の地位が高まるのとは、歴史的に平行した事態です。この種の問題が哲学において最も早く主題化されたのは、資本主義的市場経済が最も早く発達したイギリス、殊にスコットランドにおいてでした。一八世紀の前半に哲学者が注目したのは、ある種の感情です。それは哲学者ハチソンがいいはじめた道徳感情(moral sentiment)です。ハチソンの弟子アダム・スミスは道徳感情について論じ、共感＝同情(sympathy)についてつぎのようにいっています。

人間というものは、これをどんなに利己的なものと考えてみても、なおその性質の中には、他人の運命に気を配って、他人の幸福を見ることが気持ちがいい、ということ以外になんら得るところがないばあいでも、それらの人達の幸福が自分自身にとってなくてならないもののように感じさせる何らかの原理が存在することはあきらかである。憐憫または同憂は、まさにこの種の原理に属し、それは他人の不幸を直接見たり、あるいは他人の不幸について生々しい話を聞かされたりすると、それらの人々の不幸に対してただちに感ずる情緒である。他人が悲しんでいるのを見るとすぐに悲しくなるのは、なんら例証する必要のない自明の理である。……想像のはたらきによって、われわれは自分自身を他人の立場に置き換え、自らすべての同じ拷問に耐え忍んでいるかの如くに考え、いわば他人の身体に移入して、ある程度までその人間と同じ人格になって、その上でその人間の感じに関

する何らかの知識をえ、程度こそ幾分弱いが、その人間の感じた感覚と全く異っていると
も思えないある種の感覚をすら感ずるようになる。（『道徳情操論』、米林富男訳）

スミスのいう共感（同情）とは、相手の身になって考えるという想像力です。ハチソンのいう道徳感情と、スミスのいうそれとの間には、微妙だが決定的な差異があります。ハチソンのいう道徳感情は、利己心に対立するものです。ところが、スミスのいう共感は、利己心とも両立するものなのです。そもそも、相手の身になって考えるならば、相手の利己心を認めなければならないわけです。

道徳感情とレッセ・フェール

いうまでもなく、スミスは、各人が利己的に利益を追求することが結果的に全体の福利（welfare）を増大させるということ、ゆえに、レッセ・フェール（自由放任）でやるべきだということを主張した経済学者です。しかし、スミスは本来倫理学者であった。というより、最後まで倫理学者であり、彼の経済学（political economy）は倫理学的体系の最後にあらわれるのです。ところが、右のような道徳感情論と、弱肉強食を肯定するレッセ・フェールの市場主義とは両立しないように見えます。この問題はしばしばつぎのように考えられています。スミスは一方でレッセ・フェールを説きながら、他方

でそれが不可避的にもたらす弊害に気づいていた、そこに彼の倫理学があった、と。かくして、スミスは厚生経済学の先駆者であるといわれるのです。

しかし、スミスが利己心を肯定し、かつ同情を説いたことは、別に矛盾することではありません。スミスがいう共感は、憐憫や慈悲とは違います。キリスト教——仏教でもイスラーム教でもおなじことですが——では、利己心の否定が説かれ、憐憫が説かれる。だが、スミスの場合、利己心と共感(同情)とは背反しないのです。そもそも、スミスがいう共感は、利己心が肯定されるような状況、つまり資本主義的市場経済においてはじめて出現するのです。共感は、共同体にあった互酬性を取りかえそうとするものです。しかし、共感は、商品交換の原理が支配する時にのみ出現する「道徳感情」あるいは「想像力」であって、共同体には存在しないものです。

4　美学と想像力

友愛とネーション

フランス革命において「友愛」と呼ばれたものは、スミスが共感あるいは同類感情(fellow feeling)と呼んだものと同じです。友愛という観念はもともとキリスト教的な起源をもちます。しかし、スミスのいう共感が宗教的憐憫と違って利己心が承認される状態にこそ生じるように、この時期の友愛はキリスト教的な観念とは似て非なるものです。友愛は、フランス革命における、職人的労働者たちのアソシエーションの表現でした。しかし、友愛は革命の過程でネーションに吸収されていきました。

一方、ネーションに対抗して、友愛は、一九世紀前半には初期社会主義のなかに復活しました。その中でも最も影響力をもったのは、サン・シモン主義です。それは国家による産業の発展と社会問題の解決をはかるものです。しかし、それはやはりナショナリズムに帰着します。社会主義的な色彩をもったナショナリズムといってよいでしょう。たとえば、フランスのルイ・ボナパルトはサン・シモン主義者でしたし、プロシャのビスマルクもドイツ版のサン・シモン主義だといってもいい。だから、次章でふれるように、プルードンは「友愛」という契機をもちこむことを拒否するところからはじめたのです。

感情と美学

しかし、一八世紀のイギリスやフランスでは、共感や友愛という「感情」に関してそれ以上の哲学的な吟味はなされなかった。それがなされたのはドイツだ、といってよいと思います。というより、ドイツでは、それは政治・経済的なレベルではなく、もっぱら哲学的に議論されたのです。だから、それを読む場合、われわれはそれが本来的にはらんでいた問題を見失わないようにしなければなりません。

「道徳感情」という問題は、それまで下位におかれてきた感情に、道徳的あるいは知的な能力があるのかどうか、という問題として出てきました。先述したように、それまでの哲学では、感性は軽視されてきた。感性は人をあやまたせるものであり、真の認識や道徳は感性を超えたところにある、と考えられていました。近代科学とともに感性が重視されるようになったけれども、それは感覚(知覚)に関してであって、感情はつねに下位に置かれてきた。ホッブズやスピノザにおいても、それは人が知性によって克服すべき情念にほかならなかったのです。

一八世紀になって、感情によって知的認識や道徳的判断が可能であるのみならず、ある意味で悟性あるいは理性を超えた能力があるということを主張する議論が出てきました。それはエステティク(aesthetics)と呼ばれます。これは美学と訳されますが、いわゆる美学だけを意味するわけではない。本来、それは感性論という意味なのです。たとえば、バウムガルテンは『美学』(一七五〇—一七五八)を「感性的認識の学」として書いたのであって、芸術論はその中の一部でしかなかったのです。ところが、エステティクはほとんど美に関する学という意味で理解されるようになった。それに反対したのがカントです。

しかし、カントが反対したのは、バウムガルテンがエステティクを美に関する学にしてしまったことだけではない。そのとき、バウムガルテンが感性あるいは感情に、理性的な能力を見いだしたことに対して異を唱えたのです。カントは実際、『純粋理性批判』において、エステティクを感性論という意味でのみ用いています。その場合、カントは感性と悟性を区別すること、いいかえれば、「感じられたもの」と「考えられたもの」を区別することを貫いています。なぜなら、それらを区別しない思考、たとえば、或るもの(たとえば神)が「考えられる」ということからただちにそれが「在る」ということを論証してしまうような思考は、形而上学になってしまうからです。

カントの感性・悟性・想像力

カントは感性と悟性を鋭く切断しました。ゆえに、彼は、道徳性を道徳感情によって基礎づけようとしたハチソンに反対しました。カントの考えでは、道徳法則は理性的なものであり、感情あるいは感性には道徳性はない。「道徳感情」があるとしたら、それは道徳法則をすでに知っていることから生じるのであって、その逆ではない。しかるに、あらかじめ感情に理性的なものがあるというのは、道徳(理性)の感性化＝美学化(aesthetization)です。

カントの考えでは、感性と悟性は、想像力によって綜合されます。しかし、いいかえると、それは、感性と悟性は想像的にしか綜合されないということです。カント自身は、「人間的認識の二つの幹、感性と悟性」は、「おそらく共通の、しかし、われわれには知られていない一つの根から生じているのであろう」と言っています(『純粋理性批判』)。しかし、彼はそれを積極的に示そうとはしなかった。『判断力批判』においても、彼は、それはただ「懐疑的方法」によって暗示することができるだけだと述べています。ところが、カント以後のロマン派哲学者においては、感性と悟性はもともと綜合されていると考えられるようになります。つまり、哲学が美学化されたわけです。

5　ボロメオの環

想像力＝ネーションによる接合

哲学史においては、カントが感性と悟性の二元論に固執し、ロマン派がそれを乗り越えたということになっています。しかし、カントは二元性を肯定したわけではない。悟性と感性の分裂ということは、具体的にいうと、ひとが自分でそう考えているのとは違った在り方を現にしているということです。たとえば、資本制社会では誰でも平等だと考えられているのですが、現実には不平等である。とすれば、悟性と感性の分裂が現にあるわけです。その分裂を想像力によって超えようとすれば、文学作品が生まれる。文学による綜合が「想像的」なものだということは、誰も否定しないでしょう。

しかし、ネーションもそのような意味で「想像的」な共同体なのです。ネーションにおいては、現実の資本主義経済がもたらす格差、自由と平等の欠如が、想像的に補塡され解消されています。また、ネーションにおいては、支配の装置である国家とは異なる、互酬的な共同体が想像されています。こうして、ネーションは、国家と資本主義経済という異なる交換原理に立つものを想像的に綜合するわけです。私は最初に、いわゆるネーション＝ステートとは、資本＝ネーション＝国家であるとのべました。それは、いわば、市民社会＝市場経済（感性）と国家（悟性）がネーション（想像力）によって結ばれているということです。これらはいわば、ボロメオの環をなします。つまり、どれか一つをとると、壊れてしまうような環です（図4）。

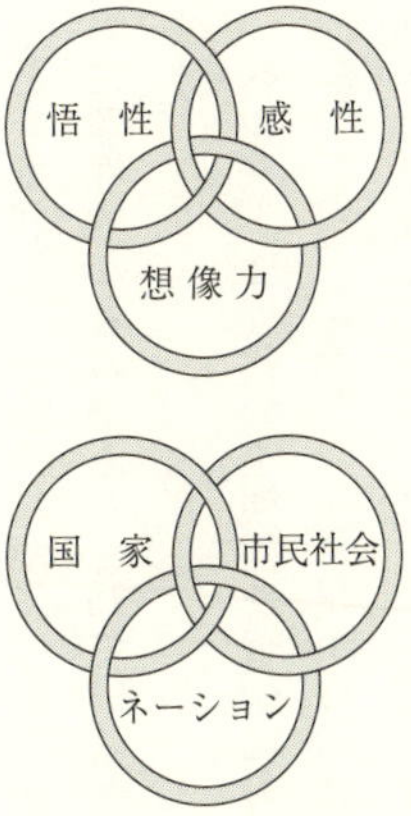

図4　ボロメオの環

ヘルダーの国家と民族

しかし、ロマン派の哲学者においては、このような観点がうしなわれます。たとえば、カントの二元論を最初に乗り越えようとしたのはその弟子ヘルダーですが、彼は『言語起源論』（一七七二年）で、ルソーの『言語起源論』が感情のみをベースにしていることを批判し、言語の起源には最初から理性が関与していることを強調しました。感情そのものに理性的なものがふくまれているというのです。ここではいわば感性と理性が綜合されています。

ヘルダーは近代の主観的な哲学に対して、風土、言語、そして、言語の共同体としての民族(Volk)といった感性的な存在から出発しようとしました。しかし、そのとき、彼は、すでに感性を理性化していた。逆にいえば、すでに理性を感性化＝美学化していたわけです。そこで、国家的理性は、風土・言語・民族といった感性的なものの中に基盤をもつようになります。そして、国家は、ホッブズやロックのような社会契約論でみられた国家とは異なる、いわば、「感情」に立脚したもの、つまり、ネーションとなるのです。

ヘーゲルの国家と民族

このようなドイツのロマン派の哲学が完成された姿は、ヘーゲルに見ることができます。特に、ヘーゲルの『法の哲学』は、資本制経済、国家、ネーションがどのように連関しているかを最初に示した書物だといってよいでしょう。この本は家族、市民社会、国家という順で展開されています。しかし、それはこれらの歴史的順序ではなく、その構造的連関を弁証法的に示すものなのです。したがって、ヘーゲルが最初にとりあげる家族は、原始的・部族的なものではなく、近代的な核家族です。その家族の上位レベルに、市民社会がある。それは欲望（エゴイズム）の相克する競争的世界です。ただし、ヘーゲルは「市民社会」の段階で、市場経済的社会だけでなく、警察や司法、社会政策や職能集団をふくむ国家機構を扱っています。だが、ヘーゲルによれば、それは「悟性的な国家」にすぎない。いわば、そこにはネーションがもつような感情的契機が欠けているからです。そして、それらの統合は「理性的な国家」、すなわちネーション＝ステートにおいてはじめてもたらされる。もちろん、ヘーゲルがいうような国家は当時のドイツにおいては成立していません。彼は同時代のイギリスをモデルにして考えたのです。

　このように、ヘーゲルは、一方で、民族が、家族や部族といった感性的基盤に根ざすことを示唆しながら、他方で、それは、家族・共同体を超えた市民社会をさらに超えて実現される高次の次元、すなわち国家においてのみあらわれる、というのです。彼の論理においては、ヘルダーと同様に、すでに感性の段階に理性の萌芽があり、それが次第に実現されるということになっています。そこで、民族は感性的なものであるけれども、本来理性的なものであり、それが最終的に国家として実現される、ということになるわけです。

ヘーゲルの陥穽

むろん、このような叙述は、実際の歴史的過程とはべつのものです。ヘーゲルが『法の哲学』でとらえようとしたのは、資本＝ネーション＝国家という環です。このボロメオの環は、一面的なアプローチではとらえられません。ヘーゲルが右のような弁証法的記述をとったのは、そのためです。たとえば、ヘーゲルの考えから、国家主義者も、社会民主主義者も、ナショナリスト(民族主義者)も、それぞれ自らの論拠を引き出すことができます。しかも、ヘーゲルにもとづいて、それらのどれをも批判することができる。

それは、ヘーゲルが資本=ネーション=国家というボロメオの環を構造論的に把握した——彼の言い方でいえば、概念的に把握した(begreifen)——からです。ゆえに、ヘーゲルの哲学は容易に否定することもできない力をもつわけですが、ヘーゲルにあっては、こうした環が根本的にネーションというかたちをとった想像力によって形成されていることが忘れられています。すなわち、ネーションが想像物でしかないということが忘れられている。だからまた、こうした環が揚棄される可能性があるということがまったく見えなくなっているのです。

4章　アソシエーショニズム

1　カントの構想

アソシエーショニズム

社会主義にはさまざまなタイプがあります。人々が知っている社会主義は、おおむね国家社会主義というべきものです。コミュニズムに関しても同じです。このような言葉を使っているかぎり、私のいいたいことは伝わりません。だから、誤解を避けるために、私はアソシエーショニズムという言葉を使っています。

アソシエーショニズムは、商品交換の原理が存在するような都市的空間で、国家や共同体の拘束を斥けるとともに、共同体にあった互酬性を高次元で取りかえそうとする運動です。それは先にのべたように、自由の互酬性(相互性)を実現することです。つまり、カント的にいえば、「他者を手段としてのみならず同時に目的として扱う」ような社会を実現することです。重要なのは、カントがこのような考えを普遍宗教の「批判」を通して得たということです。

私はすでに、自由の互酬性(相互性)が普遍宗教として開示されたこと、そして、歴史的に社会運動は普遍宗教の言葉を通し、また千年王国のような観念の力を通してなされてきたことを指摘してきました。しかし、ここで注意したいのは、それが宗教というかたちをとるかぎり、教会=国家的なシステムに回収されてしまうということです。過去においても、現在においても、宗教はそのように存在しています。それゆえ、宗教を否定しなければ、アソシエーショニズムは実現されない。けれども、宗教を否定することによって、そもそも宗教としてしか開示されなかった「倫理」を失うことになってはならないのです。

宗教否定と倫理

その点で、カントの宗教論は今もって重要です。それは宗教の批判と、宗教がはらむ実践的意義を救出することとを同時的になそうとするものでした。第一に、カントは教会=国家的な形態をとった宗教を否定しました。彼の考えでは、それは呪物崇拝にもとづくものです。《ツングース族のシャーマンから、教会や国家を同時に治めるヨーロッパの高位聖職者にいたるまで、……その原理に隔たりがあるわけではない》(『たんなる理性の限界内での宗教』、北岡武司訳)。

他方で、カントは宗教を承認します。しかし、それは、宗教が道徳的法則(自由の相互性)を開示する限りにおいてです。彼はそのような宗教を、歴史的な宗教に対して、純粋理性宗教と呼んでいます。そして、後者にもとづいて「世界市民的な道徳的共同体」が実現されたならば、歴史的な宗教制度、あるいは聖職者制度は廃棄されるだろう。そこに、いわば「神の国」（アウグスティヌス）が実現されるだろう、というのです。

カントの二つの構想

むろんカントは、こうした「世界市民的な道徳的共同体」は政治的・経済的な基盤が根底になければ成立しないと考えていました。しかも、彼はそれをきわめて具体的に考えていた。たとえば、カントのいう「他者を手段としてのみならず同時に目的として扱う」という道徳法則は、資本主義においては実現できません。貨幣と商品（資本と賃労働）の非対称性があるかぎり、そこにおかれた個人は他者を手段としてのみ扱うことを余儀なくされるのです。もちろん、国家による統制や富の再分配によって、資本主義のもたらす階級格差を解消しようとすることは可能です。しかし、階級格差をもたらすシステムそのものを変えるべきなのです。

そのためにカントが考えたのは、第一に、商人資本の支配を斥けた小生産者たちのアソシエーションでした。もちろん、これには歴史的な限界があります。彼は産業革命以前のマニュファクチュア段階、つまり、職人的な労働者や単純商品生産者が多数であった状態で考えていたからです。にもかかわらず、カントは、それ以後に出現する社会主義＝アソシエーショニズムの核心をつかんでいたということができます。社会主義とは互酬的交換を高次元でとりかえすことにある。そしてそれは、分配的正義、つまり、再分配によって富の格差を解消することではなく、そもそも富の格差が生じないような交換システムを実現することであるのです。

第二に、カントは「神の国」の実現を具体的なかたちで考えていました。諸国家がその主権を譲渡することによって成立する世界共和国、それが「神の国」なのです。カントは「永遠平和」を実現するための国際連合を提唱しました。これはあとで述べるように、たんなる平和論ではない。資本と国家を揚棄する過程の第一歩なのです。

カントの見たフランス革命

カントが『永遠平和のために』を書いたのは、一七八九年のフランス革命以後の情勢においてです。つまり、それはカントが、集権的な国家によって平等を性急に実現しようとするジャコバン主義的な恐怖政治を見たあとです。カントは直接にそれについて言及していない。そのため、ヘーゲルによるカントの批判、つまり、カントの主観的道徳論あるいは理性主義はロベスピエールのような恐怖政治を必然的にはらむというような批判が行き渡っています。むろん、そうではない。カントは、国家権力をにぎって強行する革命に反対したのです。

カントは、フランス革命が性急な「外的革命」として、その誤謬を修正するのに数世紀もかかるようなものであったと批判すると同時に、それが無限に遠く離れた未来であるにせよ、この地上に実現されるであろう「神の国」(世界共和国)への第一歩となったことを評価したのです。この二つの観点が重要だと思います。それは、カントの言い方でいえば、統整的理念と構成的理念の区別――厳密には、理性の統整的使用と理性の構成的使用にかかわる問題です。

統整的理念と構成的理念

わかりやすくいうと、理性を構成的に使用するとは、ジャコバン主義者(ロベスピエール)が典型的であるように、理性にもとづいて社会を暴力的に作り変えるような場合を意味します。それに対して、理性を統整的に使用するとは、無限に遠いものであろうと、人がそれに近づこうと努めるような場合を意味するのです。たとえば、カントがいう「世界共和国」は、それに向かって人々が漸進するような統整的理念です。

カントによれば、統整的理念は仮象(幻想)である。しかし、それは、このような仮象がなければひとが生きていけないという意味で、「超越論的な仮象」です。カントが『純粋理性批判』で述べたのは、そのような仮象の批判です。その一つとして「自己」があります。同一であるような自己とは仮象です。ヒュームがいうように、同一の自己は存在しない。たとえば、昨日の私は、今の私ではない。それらが同じ一つの私であるかのようにみなすことは仮象である。しかし、そのような仮象は生きていくために必要です。今の私は昨日の私と関係がないということでは、他人との関係が成り立たないだけでなく、自分自身も崩壊してしまう。だから、同一の自己が仮象であるとしても、それは取りのぞくことができないような仮象なのです。

現状批判としての統整的理念

歴史の目的ということも同様です。もちろん、それは仮象です。ただ、われわれが生きていくために不可欠な超越論的仮象なのです。カントがいう歴史の理念とは、そのようなものです。だから、カントがいう理念を、歴史に意味や目的などない、そんなものは仮象だということによって斥けることなどできません。一般に、ひとが否定する理念とは、「構成的理念」のことです。歴史の意味を嘲笑するポストモダニストの多くは、かつて「構成的理念」を信じたマルクス・レーニン主義者であり、そのような理念に傷ついて、シニシズムやニヒリズムに逃げ込んだのです。

しかし、社会主義は幻想だ、「大きな物語」にすぎないといったところで、世界資本主義がもたらす悲惨な現実に生きている人たちにとっては、それではすみません。現実に一九八〇年以後、世界資本主義の中心部でポストモダンな知識人が理念を嘲笑している間に、周辺部や底辺部では宗教的原理主義が広がった。少なくとも、そこには、資本主義と国家を超えようとする志向と実践が存在するからです。もちろん、それは「神の国」を実現するどころか、聖職者＝教会国家の支配に帰着するほかありません。したがって、統整的理念と構成的理念の区別が必要なのです。統整的理念は、決して達成されるものではないがゆえに、たえず現状に対する批判としてありつづけます。

2　プルードンの構想

フランス革命の帰結

われわれの観点からいえば、フランス革命で唱えられた、自由・平等・友愛は、三つの交換様式を示すものです。すなわち、自由は市場経済での商品交換、平等は国家による再分配、友愛は互酬です。しかし、それらは資本＝ネーション＝国家に帰結するものだったのです。まず「友愛」を唱えつつ「平等」を性急に実現しようとしたのがジャコバン派です。彼らは「自由」を犠牲にした。その後に、バブーフは、これを受け継いで、少数者による権力奪取によって「共産主義」を実現することをはかったが、やはり失敗しました。結局、勝利したのは皇帝となったナポレオンです。彼は各階級の要求をそれぞれある程度満たしつつ、フランスをネーション＝ステートとして統合した。このとき、「友愛」はナショナリズムとなったのです。

この点から見ると、一九世紀の社会主義者が試みたのは、革命から失われた「平等」と「友愛」の可能性を取りもどすことであったといってよいでしょう。その場合、一般に、彼らは国家権力に訴えて事をおこなうジャコバン主義的な傾向をもっていました。サン・シモンからルイ・ブラン、ブランキにいたるまで、そうです。しかし、その中で、社会主義を平等や友愛からではなく、「自由」にもとづいて築こうとした人がいた。それがプルードンです。

自由の優先と交換的正義

第一に特筆すべき点は、プルードンが経済的平等よりも自由を優先したことです。といっても、それは平等を無視することでない。彼が反対したのは、分配的正義なのです。それは国家による富の再分配を要求することになり、そのことが再分配する国家の権力を強化させることになる。そこで自由が犠牲にされる。それに対して、彼は「交換的正義」を唱えました。それは、富の格差を生み出すことがないような交換システム、つまり、自由の相互性の実現です。

プルードンは、政治的革命、具体的にいえば、ジャコバン主義的な革命に反対したのです。そして、彼はそのような政治思想の背後にルソーがあると考えました。プルードンの考えはこうです。ルソーの人民主権という考えは、絶対主義王権国家の変形でしかない。のみならず、そのことを隠蔽するものである。主権者としての国民とは、国家主権(絶対王政)の結果として形成された架空のものである。実際には、すでに国家＝一般意志が先行しているのだ、と。とはいえ、プルードンはルソーの「社会契約」という考え全体を廃棄したのではありません。その契約が対等でないこと、双務的ではないことを批判したのであり、ある意味で、社会契約の観念を徹底化したのです。

プルードンがいう「アナルシー」(アナーキー)とは、双務的＝互酬的な契約にもとづく民主主義社会のことです。アナーキーは通常、混沌や無秩序のように思われますが、プルードンによれば、国家によらない、自己統治による秩序を意味するのです。

友愛の否定と競争の肯定

第二に特筆すべき点は、プルードンが「自由」を「友愛」に優先させたことです。ジャコバン派、とくに、ロベスピエールは、冷徹で非同情的なイメージで語られます。だから、ジャコバン主義を否定する者は、友愛や同情といった次元を強調しがちです。しかし、「友愛」を基盤にして、社会を変えようとする者は、ほぼまちがいなく国家に向かう。したがって、国家に向かうことを拒否し自由の次元にとどまろうとするプルードンが斥けなければならなかったのは、むしろ友愛あるいは道徳感情だったのです。友愛を斥けたといっても、友愛という感情そのものを斥けたわけではない。彼が斥けたのは、友愛を社会主義の原理にすることです。

プルードンが「友愛」に訴えるのを否定したことは重要です。友愛は個人の犠牲を引き出す。それによって、(国家的強制によってではなく)自由が犠牲にされることになります。逆にいえば、国家的な強制は、しばしば友愛によって弁護あるいは強化されるのです。国家的社会主義もナショナル社会主義(ナチス)も、つねに友愛に訴える。一方、プルードンにとって、社会主義はそのような感情ではなく、経済的なシステムにもとづくものです。その点で、プルードンが、一般に社会主義者が否定した競争を肯定したことは注意に値します。彼の考えでは、競争が否定されれば、個人と自由が否定されることになる。

プルードンの構想

プルードンは私有に反対すると同時に、多くの社会主義者が唱える共有(国有)にも反対しました。彼が私有と国有というアンチノミーを超えて、そのどちらでもないような所有の形態として見いだしたのが、互酬性(相互性)なのです。これは国家的な再分配ではないと同時に、共同体の互酬とも異なっている。それはむしろ市場的交換に似たものです。だから、そこには競争があり自由がある。にもかかわらず、そのシステムは、貧富の格差や資本-賃労働の対立関係をもたらすことがないようなものでなければならない。それは具体的にはどのようなシステムでしょうか。

第一に、それは生産者協同組合です。そこでは、全員が労働者であるとともに経営者である。

ゆえに賃労働(労働力商品)は揚棄されています。第二に、代替貨幣・信用銀行などの創出です。これはいわば「貨幣の王権」を廃棄しようとするものです。プルードンによれば、真の民主主義は政治的なレベルだけでなく経済的なレベルで実現されなければならない。王権を廃止しても、「貨幣の王権」が残っているなら、民主主義ではない。

要するに、プルードンが考えたのは、国家と資本主義市場経済から自立したネットワーク空間を形成することです。

3　軽視された国家

真実社会

しかし、プルードンのいう「経済革命」は、何か新たなものを計画し実現することではありません。彼にとっては、それは現にありながら疎外されているものを実現することでした。

たとえば、資本制生産では、資本家が生産設備を用意し多数の労働者を雇用することによって行われます。その場合、利潤は資本家に行く。では、多数の労働者が自ら連合し、分業と協業によって生産するとしたらどうか。それがアソシエーション(生産者協同組合)です。それは現に行われている資本制生産そのものにふくまれている可能性であって、どこか外にあるものではない。そこで、プルードンは、「われわれの前に現象している世界」の深層に、社会的労働の生みだす「諸力の均衡に由来する連帯性」、諸個人の「自発性」と「絶対的自由」によって形成される「真実社会」があると考えたのです。

このような考え方は、一八四〇年代にドイツの青年ヘーゲル派の間で風靡した「疎外論」と同じものです。フォイエルバッハは、宗教において、人間の類的本質が疎外されていると批判しました。このような宗教批判を、彼に刺激された青年ヘーゲル派のモーゼス・ヘスやマルクスが国家や資本への批判に転化していった。一般には、そのように考えられています。しかし、フォイエルバッハ、および彼に続いた青年ヘーゲル派の哲学者達は、プルードンの考え方に根本的に影響を受けていました。ただ、それをいかにもドイツ風に、ヘーゲル哲学の用語で受けとめた。だから、フォイエルバッハがいう「類的本質的存在」とは、プルードンのいう「真実社会」にほかならないといってよいでしょう。実際、プルードン自身が、「フォイエルバッハはドイツのプルードンである」ということを認めていました。

マルクスとプルードン

青年ヘーゲル派の一人、マルクスも、社会主義に関して、最初からプルードンの影響を受けていました。そして、その考えは生涯にわたって変わっていません。

『共産党宣言』(一八四八年)でも、彼は、共産主義は「自由なアソシエーション」の実現であると書いています。のみならず、主としてプルードン派によってなされたパリ・コンミューンについて、つぎのようにいっています。《もし連合した協同組合組織諸団体(united co-operative societies)が共同のプランにもとづいて全国的生産を調整し、かくてそれを諸団体のコントロールの下におき、資本制生産の宿命である不断の無政府と周期的変動を終えさせるとすれば、諸君、それは共産主義、〝可能なる〟共産主義以外の何であろう》(「国際労働者総務委員会の宣言」『フランスの内乱』)。マルクスにとって、コミュニズムとは「アソシエーションのアソシエーション」にほかならないのです。

マルクスがプルードンと対立しはじめたのは、一八四七年ごろからです。プルードンが経済革命を主張したのに対して、マルクスは政治革命、つまり、政治権力をとることが不可欠だと考えた。マルクスの考えでは、プルードンの提案するような経済革命は、資本に対抗することができない。プルードンは資本主義経済が何かを総体として把握できていない。だから、マルクスはプルードンを批判した後、『資本論』に結実する経済学研究を本格的に始めたわけです。

しかし、マルクスとプルードンの対立を、政治革命か経済革命かという点に見いだすのは正しくないでしょう。一八四八年革命において、プルードンは議員として参加したし、一八七一年パリ・コンミューンにおいて、プルードン派はマルクスの反対にもかかわらず、国家権力を奪取する蜂起を決行した。もちろん、マルクスはいざ蜂起がおこると、それを支持し、これこそ「プロレタリアート独裁」であると評価しました。要するに、マルクスがいう「プロレタリア独裁」はプルードン主義と何ら背反しないのです。

マルクスの国家社会主義批判

一方、マルクスが絶対に受け入れなかったのは、ラッサールの「国家社会主義」でした。マルクス派とラッサール派が合同で作ったドイツ社会民主労働党の「ゴータ綱領」(一八七五年)についても、彼は、国家によってアソシエーション(生産者協同組合)を育成するというラッサールの考えを痛烈に批判しています。

労働者が協同組合的生産の諸条件を社会的規模で、まず最初は自国に国民的規模でつくりだそうとするのは、現在の生産諸条件の変革のために努力することにほかならず、国家の補助による協同組合の設立とはなんのかかわりもないものである! 今日の協同組合についていえば、それらは政府からもブルジョアからも保護を受けずに労働者が自主的につくりだしたものであるときに、はじめて価値をもっているのだ。(『ゴータ綱領草案批判』、山辺健太郎訳)

国家によって協同組合を育成するのではなく、協同組合のアソシエーションが国家にとって替わるべきだと、マルクスはいっているのです。しかし、何らかの国家の補助がないならば、生産者協同組合が資本制企業に敗れてしまうことは避けがたい。だから、マルクスはプロレタリアートが国家権力を握ることが不可欠だと考えました。にもかかわらず、マルクスがラッサールと対立するのは、つぎの点においてです。ラッサールがヘーゲルにならって国家を理性的なものとしてみなしているのに、マルクスは国家を消滅すべきものとして見ていた。その点で、マルクスはあくまでプルードン派なのです。

国家の揚棄・国家の強化

バクーニンはマルクスを国家主義者・集権主義者として糾弾しましたが、実情はそうではない。マルクスはプルードンと同様に国家を揚棄すべきであり、また揚棄できると考えていました。しかし、マルクス主義が国家主義的な傾向をもつようになった原因は、まさにそこにあるのです。たとえば、経済的な階級関係が消滅すれば、国家は消滅するだろう、とマルクスは考えた。だから、「プロレタリア独裁」が過渡的なものとして許容されるわけです。しかし、それによって、国家が揚棄されるかというと、そんなことはありえない。その逆に、革命後の国家権力は強大化する。そして、それを廃棄することがもっと難しくなる。

では、なぜマルクスがそのようなことを認識できなかったのだろうか。それは、彼がプルードンと異なって国家主義的だったからではなく、国家に関してプルードンと同様の見方をしていたからだといわねばならないのです。

4 アソシエーショニズムのために

国家を内部から見る限界

私は、国家は他の国家に対して国家なのだということを強調してきました。国家をその内部だけから見ることは、まちがいである、と。たとえば、ルソーがいう人民主権論は、国家をその内部、つまり、成員(国民)から見ているだけです。国家の内部では、王政を倒せば、国家の超越性は消え、たんに国民に選ばれた政府が残るだけのようにみえます。しかし、主権者が王であろうと、人民であろうと、集権的な国家が残っています。

この点で、プルードンのルソー批判は正しい。ところが、国家を内部だけから見る点において、プルードンもルソーと同じなのです。プルードンは、ルソーが当然と見なしている集権的な国家自体を廃棄すべきだという。それによって、いわば深層にある「真実社会」が外化され、絶対的な民主主義が実現される、と。だが、国家が他の国家に対して存在するのだとしたら、一つの国家においてそれを廃棄することはできません。それはただちに、他の国家の干渉と支配を招くことになるからです。

パリ・コンミューン

たとえば、パリ・コンミューンでは、旧来の国家機構の根本的廃棄が企てられたけれども、そのような試みが長く続くはずがなかった。コンミューンは中世以来の自由都市の伝統にもとづく観念です。自由都市にとっては、封建的国家も絶対主義王権国家も外的なものだった。だから、そのような国家を廃棄すれば、コンミューンは自立できるという考えが出てくるのです。しかし、都市は王・封建諸侯や教会などの互いに拮抗する力のバランスにおいてのみ自立性をもちえたのであって、独力で自立しようとすれば、それ自体国家にならなければならないでしょう。

パリ・コンミューンがそもそも可能だったのは、一八七一年にプロシャとの戦争に敗れて、フランスの国家主権者が失墜したからです。しかし、パリが、戦勝国プロシャに支持されたフランスの新政府の支配下に属するのは自明です。マルクスが当初コンミューンの企てに反対したのはそのためです。もちろん、それがいざ決行されるとコンミューンを称賛したのですが、彼自身はそれが長く続くとは考えていなかった。実際、パリ・コンミューンは二ヶ月で終わった。しかも、そのときには、コンミューンの中で、それを外敵から防衛するために、集権化を強めようとする「多数派」が支配的になっていました。すなわち、ここでもまた、もしコンミューンが存続しようとすれば、それ自身が国家にならなければならなかったのです。

十月革命

一九一七年のロシア十月革命についても同じことがいえます。つまり、ある意味で、ロシアのコンミューンも二ヶ月で終わってしまったわけです。レーニンやトロツキーは当初、ヨーロッパの「世界革命」がロシアのあとに起こることを期待していたが、起こらなかった。ソヴィエト(コンミューン・評議会)は、先ず周囲の国家からの干渉と妨害に対して自らを防衛しなければならなかったのです。ソヴィエトは国家を解体すべきものとして期待されたのですが、そうはならなかった。それは必ずしもボルシェヴィズム(レーニン主義)のせいだけではないでしょう。外敵から革命を守り、ソヴィエトを維持しようとすれば、それは国家的でなければならない。こうして、党＝国家官僚の専制的支配体制がまもなく形成されたのです。

マルクスの陥穽

なぜ国家をその内部から揚棄することができないのか。それは、国家がその外部との関係において存在するものだからです。すでに述べたように、マルクスは初期の

『ヘーゲル国法論批判』以来、プルードンの深い影響を受けていました。プルードン的にいえば、国家は表層的な上部構造にすぎない。それは、深層にある市民社会＝真実社会の自己疎外態でしかない。ゆえに、この市民社会を経済的に変革すれば、国家は消滅するということになります。マルクスは、この観点から、ヘーゲルの『法の哲学』を批判したのです。しかし、彼は、このとき、ヘーゲルがもっていた認識を見落としています。それは、国家（主権者）は、むしろ外的に他の国家に対して存在するということです。ヘーゲルは国家論において、ホッブズを受け継いでいたのです。

いままでのことは、内部に向けられての主権であって、それは、外部に向けられるもう一つの側面をももっている。ところで、かつての封建的君主制にあっては、国家は外部に向けてはいかにも主権をもっていたけれども、内部に向けては君主のみならず、国家も主権をもっていなかった。第一に、国家や市民社会の特殊な諸業務や諸権力はバラバラの自立した職業団体や教区の形で組成されていて、したがって、全体は一つの有機的組織であるよりも、むしろ一つの集合体であった。第二に、それらは諸個人の私的な所有物であって、それゆえ、彼らが全体を考慮してなすべき事態は、彼らの意見（思いこみ）や好みに任されていた。（『法権利の哲学』）

封建的君主制においては、主権は外部に対して存在しただけで、その内部では存在しなかった。つまり、王は多数の封建領主と並ぶ存在でしかなかった、ということです。絶対王政において、はじめて、王は外的かつ内的に主権者となった。ところが、絶対王権が倒された後、人々は主権が先ず外部に対してあることを忘れてしまった。そこから、国家をその内部だけで揚棄できるという考えが出てきたのです。プルードンの考えはそのようなものでした。

「貨幣の王権」廃棄の問題

さらに、プルードンは、国家において王権を廃棄するだけでなく、経済において「貨幣の王権」を廃棄しなければならないと考えた。実は、ここにも国家に関するものと同じ問題が潜んでいます。プルードンは、貨幣を一国内で通用する貨幣として見ていました。しかし、貨幣の超越性は、それが一国家や共同体の外で通用することにあるのです。一国や一地域だけで考えると、確かに、貨幣は不要であり、代替貨幣で足りますが、国際的な交易となると、貨幣（金のような商品貨幣）なしにはすまない。だから、貨幣・資本の揚棄は、一国だけの問題ではありえないのです。もちろん、一国のなかで、資本主義経済を国家権力によって制御したり廃止したりすることは、不可能ではありません。しかし、マルクスはそのような「局地的共産主義」を認めなかった。

こと経済学においては、マルクスはプルードンの「経済学」に対して厳しく批判的でした。プルードンが資本主義に関して甘い見方をしていたことはまちがいありません。そもそもフランスにあって、プルードンは発達した産業資本主義を知らなかった。彼が念頭においていたのは、マニュファクチュア段階の職人的労働者＝小生産者です。だから、彼らが連合して協同組合を形成することが可能であり、それを補助するための流通や信用の制度を作るといったことが構想されたのです。

しかし、それが産業資本に対抗できたのは、産業資本そのものが脆弱だった時代だけです。産業資本が一八六〇年以後、巨大な資本あるいは国家的な資本による重工業的生産に移行したとき、生産協同組合はもはやそれに対抗できなかったのです。

国家の死滅という幻想

ところが、プルードンの経済学の甘さを批判したマルクスは、国家に関しては甘い見方をしていたというほかありません。経済学において、マルクスはつねに、商品交換が「共同体と共同体の間」に発生することを強調しました。が、彼は、国家もまた「共同体と共同体の間」で発生するということを軽視したのです。商品交換の様式がどんなに浸透しても、略取－再分配という交換様式は消滅しません。それを揚棄するためには、それ相応の方法がなければならない。しかるに、マルクスは、世界資本主義の浸透の下に、国家は事実上解消するだろうと考えていました。

この普遍的交通は、それゆえまた一方では、《無所有の》大衆という現象を、あらゆる民族のうちに、同時にうみだし(普遍的競争)、これら諸民族のそれぞれが、他の諸民族の変革に依存しあうようにし、ついには世界史的な、経験において普遍的な諸個人を、局地的な諸個人にかわって形成するからである。こうしたことなしには、(一)共産主義は、ただ局地的なものとしてしか存在しえないだろう、(二)交通の諸力そのものは、普遍的な、それゆえ否応なしの力として発展できなかったろう。それは田舎的—迷信的な《しきたり》にとどまったであろう。そして(三)交通の拡大をまってしか、局地的共産主義はなくならないだろう。共産主義は、経験的には、主要な諸民族が《一挙に》、かつ同時に遂行することによってのみ可能なのであり、そしてそのことは生産力の普遍的な発展とそれに結びついた世界交通を前提としている。(『ドイツ・イデオロギー』、花崎皋平訳)

国家は内部からだけでは揚棄できない。だから、革命は「主要な諸民族が《一挙に》、かつ同時に遂行することによってのみ可能」だと、マルクスは考えたのです。そして、のちのマルクス主義者も「世界同時革命」を唱えました。

しかし、一挙かつ同時的な世界革命はありえない。実際、一八四八年に彼が期待した「同時的世界革命」の結果は、国家の死滅どころか、国家による産業資本主義の興隆をもたらしたのです。すなわち、フランスのナポレオン三世とプロシャの宰相ビスマルクが、この革命から出てきた。世界は、諸国家を超えた、資本階級と労働者階級という二大階級の決戦になるだろうという『共産党宣言』(一八四八年)のヴィジョンは、すぐに無効化されたのです。

国家を乗り越えるために

では、一国だけの社会主義革命も、同時的世界革命もありえないとしたら、どうすればよいのでしょうか。ここで鍵となるのは、一九世紀のあいだずっと無視されてきた、カントの「世界共和国」という理念です。これは、諸国家が主権を譲渡することによって成立するものです。カントは、その第一歩として、国際連合を構想しました。これは、諸国家をいわば「上から」抑制するものです。

社会主義は、国家に対する「下から」の革命によって実現されると考えられてきました。しかし、それだけでは不十分であることは明瞭です。同時に、国家を「上から」抑え込むシステムを形成することが不可欠なのです。そして、そのようなシステムの形成こそ、漸進的な「同時的世界革命」であると考えてよいでしょう。私の考えでは、そのようなヴィジョンを提起した人こそカントなのです。最後にそれを検討したいと思います。

第Ⅳ部　世界共和国

1　主権国家と帝国主義

これまで見てきたのは、「世界帝国」から「世界経済」への変容において、資本＝ネーション＝国家が形成されたということです。第Ⅳ部で考えたいのは、それがその後に、どのように変容したか、あるいは変容しなかったかということです。それは、二〇世紀において顕著になった帝国主義の問題にかかわっています。

帝国主義の問題

マルクス主義者は、帝国主義を資本主義経済の発展段階のなかで見てきました。レーニンは帝国主義を「資本主義の最高段階」と呼んでいます。すなわち、それは産業資本にかわって独占と金融資本が支配を確立した段階だということです。そこでは、商品輸出にかわって資本輸出がなされるようになり、そのため、資本主義列強が植民地をめぐって軍事対立にいたった。要するに、これは、帝国主義を資本主義経済の構造から説明するものです。

レーニンのような見方は、今も(反マルクス主義者の間にも)別のかたちで残っています。たとえば、「資本の輸出」が全面化し、金融資本が世界を席巻する時期、つまり、資本主義のグローバリゼーションと呼ばれる一九九〇年以後の時期に、ある人々はそれを「資本主義の最高段階」と呼びました。ある人々は、それによって近代の国民国家の枠組は無効になり、ヨーロッパ共同体のような「帝国」(広域国家)になるといっていますし、またある人々は、多国籍的な資本主義こそ新たな「帝国」だといっています。

しかし、このような見方はいずれも国家の自立性を無視するものです。つまり、国家が資本主義経済とは別の源泉に由来するものだということを見ないものです。資本と国家のどちらが根元的であるかという問いは愚問です。それらは、違った基礎的交換様式に根ざしており、また、相互依存的でもありますから、一方が他方を全面的に廃棄するようになることはありえないのです。国家なしには資本主義はないし、資本主義なしには国家はない。そして、そのような国家と資本との「結婚」が生じたのは、絶対主義国家(主権国家)においてです。帝国主義の問題は、そこに始まっています。

主権国家と帝国主義

何度ものべたように、ヨーロッパにおける絶対主義国家(主権者)は、王が都市(ブルジョア)と結託して、封建的諸侯を制圧し、集権的な体制を作ったときに成立しました。それを可能にしたのは、強力な火器と貨幣経済です。しかし、これをたんに一国だけで考えることはできません。そもそも、これは世界市場の形成によって可能であったのだから。さらに、主権国家は他国との関係なしにはありえません。というのも、「主権」とは、一国だけで存在するものではなく、他の国家の承認によって存在するものだからです。そして、主権国家は、他国が主権国家でないならば、支配してよいということを含意します。それは、ヨーロッパの外にも適用されるのです。

その意味で、主権国家は本性的に膨張的なのです。主権国家の膨張を止めるのは、他の主権国家だけです。あるいは、それに支配された地域が独立し自ら主権国家となることによってのみです。したがって、主権国家は必然的に主権国家をもたらす。このことは、絶対主義国家が市民革命によって国民国家に転じても同じことです。

ハンナ・アーレントは、ネーション＝ステートの拡張として形成される帝国には、近代以前の世界帝国にあったような、多民族統治の原理がないといっています。

近代の歴史において征服や世界帝国建設の評判が落ちてしまったのには、それなりの理由がある。永続性のある世界帝国を設立し得るのは、国民国家のような政治形態ではなく、ローマ共和国のような本質的に法に基づいた政治形態である。なぜなら、そこには全帝国をになう政治制度を具体的に表わす万人に等しく有効な立法という権威が存在するから、それによって征服の後にはきわめて異質な民族集団も実際に統合され得るからである。国民国家はこのような統合原理を持たない。そもそもの初めから同質的住民と政府に対する住民の積極的同意（ルナンの言う毎日人民投票）とを前提としているからである。ネーションは領土、民族、国家を歴史的に共有することに基づく以上、帝国を建設することはできない。国民国家は征服を行なった場合には、異質な住民を同化して「同意」を強制するしかない。彼らを統合することはできず、また正義と法に対する自分自身の基準を彼らにあてはめることもできない。従って、征服を行なえば、つねに圧制に陥る危険がある。（『全体主義の起原2　帝国主義』、大島通義・大島かおり訳）

帝国と帝国主義

国民国家の延長としての帝国は、旧来の「帝国」ではなく、「帝国主義」と呼ばれるべきものです。ここでアーレントは、帝国についてローマ帝国を唯一の範例として考えていますが、他の地域の帝国についても、ほぼ同じことがいえます。各地の世界帝国には多くの差異があり、その差異が重要でないわけではないが、そこに共通する点があるのです。つまり、世界帝国はさまざまな部族国家や共同体の上に君臨したが、支配関係に抵触しないかぎり、そのなかの国家・部族の慣習に無関心でした。たとえば、二〇世紀まで続いたオスマン帝国について、アナール学派の歴史家ロベール・マントランはこう述べています。

オスマン帝国時代には、地方住民をイスラム化することも、オスマン化することもけっしてなかったのです。この現実を現代政治の諸問題がいかに押し隠そうとも、事実はそうなのです。地方住民は、自分たち固有の民族性や宗教、言語、ときには政治体制や独立性、経済活動までも、独自に保持していたのです。トルコ人たちは金や産物や奴隷を要求しましたが、各住民や各集団を、是が非でもオスマン化・トルコ化しようとはしませんでした。各地域は固有の性格を保っていたのです。このことは、一八世紀ととりわけ一九世紀における民族主義の勃興を、説明してくれるでしょう。(『ブローデル　歴史を語る』、福井憲彦・松本雅弘訳)

オスマン帝国という「帝国」の解体、アラビアの諸民族の独立は、西欧諸国家の「帝国主義」の下になされた。そのとき、西欧の諸国家は、オスマン帝国から諸民族を解放するのだ、と思念していたのです。しかし、オスマン帝国を解体させた支配者は、すぐにアラブ諸国の民族主義者の反抗に出会うことになります。

帝国主義のディレンマ

アーレントは「国民国家は征服者として現われれば必ず被征服民族の中に民族意識と自治の要求を目覚めさせることになる」(『全体主義の起原2』)という。彼女はこうした「帝国主義のディレンマ」が最初にあらわれた例として、ナポレオンによるヨーロッパ征服を見いだしています。

> 国民国家と征服政策との内的矛盾は、ナポレオンの壮大な夢の挫折においてはっきり白日のもとに曝された。(中略)ナポレオンが明瞭に示したのは、一ネイションによる征服は被征服民族の民族意識の覚醒と征服者に対する抵抗をもたらすか、あるいは征服者が手段を選ばなければ、はっきりした専制に導くかだということだった。このような専制は、充分に暴虐でさえあれば異民族圧制に成功はするだろうが、その権力を維持することは、被統治者の同意に基づく国民国家としての本国の諸制度をまず破壊してしまわなければできないのである。(同前)

ナポレオンのヨーロッパ征服は、一方でイギリスの産業資本主義に対抗するための「ヨーロッパ連邦」の企てを、他方で「フランス革命の輸出」を意味した。しかし、それがもたらしたのは、ドイツその他におけるナショナリズムの喚起です。これは国民国家の帝国主義的膨張が新たに国民国家を作り出す、最初の例だといってよいでしょう。実際、二〇世紀にいたって、帝国主義はこのようにして世界各地に国民国家を作り出したのです。

帝国原理に抗する国民国家

　しかし、なぜ国民国家は「帝国」の原理をもちえないのでしょうか。それは次の問いと同じです。なぜ国民国家は、「帝国」的な原理がまだ存在しているところでは成立しにくいのか。私は先に、このことを絶対主義王権国家に遡って考察しました。絶対主義王権国家は、その内部に、それを相対化するような権力や各種の共同体を認めない。それは、すべての者を「臣下」(subject)にする。さまざまな身分や集団に属していた人たちが、絶対的主権者への臣下として、同一化(均質化)されるのです。主体(subject)としての国民(ネーション)が成立するのは、その過程を経たのちです。

　国民国家が「帝国」の原理たりえないのは、その前身である絶対主義国家が「帝国」の原理を否定するものだからです。世界各地で国民国家が形成される場合も、基本的に同じ過程がたどられるといってよいと思います。もちろん、絶対主義国家が「王政」としてあらわれる例は少ない。それはむしろ、前に述べたように、発展途上型独裁国家や社会主義的独裁国家のようなかたちであらわれます。

国民国家は、このようにして、「世界経済」の中で形成されるユニットです。それは歴史的な構築物であり、不安定なものです。とはいえ、それは容易に解体されるものではないこと、また、解体されるならば宗教的あるいは血縁的共同体が出てくるだけだ、ということを心得ておく必要があります。

2 「帝国」と広域国家

アメリカは「帝国」か

アントニオ・ネグリとマイケル・ハートは『帝国』(二〇〇〇年)のなかで、一九九〇年代、冷戦の終結と湾岸戦争とともに、帝国主義は終わって、帝国が出現した、といっています。それは、湾岸戦争(一九九一年)において、アメリカが絶対的な軍事的ヘゲモニーをもちながら、国連の支持を得て動こうとしたことに示される。彼らはそこに、ローマ帝国に似たものを見いだすのです。《湾岸戦争の重要性は次のような事実に由来するのである。つまりそれは、この戦争によって合衆国が、それ自身の国家的動機に応じてではなく、グローバルな法権利の名において、国際的正義を管理運用することのできる唯一の権力として登場した、ということである》(『帝国』、水嶋一憲ほか訳)。

しかし、アメリカ合衆国が帝国主義ではなく、帝国だという考えに私は賛成できません。どのような国民国家も、国民国家でありつつ「帝国」であろうとすれば帝国主義に陥るほかはないのです。そして、それは、他国民だけでなく、アメリカ国民の側からの反撥を招かずにいない。実際、アメリカが帝国主義でなく帝国であるという主張は、湾岸戦争から一〇年後のイラク戦争において反証されています。アメリカはもはや国連の支持を得るどころか、それを公然と無視する「単独行動主義」に踏み切ったのですから。

どこにもない場所

ただし、ネグリとハートはアメリカが帝国だという意見に固執しているわけではありません。というのも、彼らの意見では、むしろ、「帝国」とはどこにもない場所であるからです。

> 資本主義的市場は障壁と排除によってその運動を妨げられ、またその逆に、自己の領域の内部によりいっそう多くを包含しつづけることによって栄える。利潤は、接触・契約・交換・交流をとおしてのみ発生可能である。そして資本主義的市場のこうした傾向の到達点は、世界市場の実現によって画されることだろう。その理念的な形態においては世界市場に外部は存在しない。地球全体がその領地なのである。私たちは世界市場の形態を、〈帝

国〉の主権の形態を完全なかたちで理解するためのモデルとして使用してもさしつかえないだろう。（中略）〈帝国〉のこうした平滑空間の内部には権力の場所は存在しない。言いかえると、それはいたるところに存在すると同時に、どこにも存在しないのである。つまり、〈帝国〉とはどこにもない場所なのであり、あるいはもっと正確にいえば非－場なのである。（同前）

ネグリとハートが「帝国」と呼ぶのは「世界市場」のことです。ここでは諸国家は重要ではない。これは、「普遍的交通」の下で、民族や国家の差異は無化されるだろうという、一八四〇年代のマルクスの認識と同じです。しかし、これは国家という位相を無視するものです。歴史的には、一八四八年の革命は、民族や国家の無化どころか、フランスにもドイツにも国家資本主義と帝国主義をもたらしたのです。

広域国家

確かに今日では、国民国家という枠組が弱まっている傾向があります。しかし、それは国家を解消するものではない。たとえば、ヨーロッパ共同体の理論家たちは、それが近代の主権国家を超えるものだと主張しています。しかし、国民国家が世界経済によって強いられたものだとしたら、地域的共同体も同様です。ヨーロッパ諸国は、アメリカや日本に対抗するために、ヨーロッパ共同体を作り、経済的・軍事的な主権を上位組織に譲渡するにいたった。ただしこれを近代国家の揚棄であるということはできません。それは世界資本主義（世界市場）の圧力の下に、諸国家が結束して「広域国家」を形成するということでしかないのです。

このような広域国家は初めてのものではありません。一九三〇年代にドイツが構想した「第三帝国」や日本が構想した「大東亜共栄圏」は、それに先駆けるものです。それらは英米仏の「ブロック経済」に対抗するものでした。そして、こうした広域国家は、「近代世界システム」、すなわち資本主義やネーション＝ステートを超えるものとして表象されていました。

西ヨーロッパで、このように「ヨーロッパ連邦」を作ろうとする構想はナポレオン以前からもあったのですが、その理念的な根拠は、旧来の「帝国」の同一性に見いだされます。ただ、それを実現する企ては、結局、フランスあるいはドイツの「帝国主義」にしかならなかった。今日、ヨーロッパ共同体の形成にあたって、ヨーロッパ人はそのような過去を忘れてはいません。彼らが帝国主義ではないような「帝国」を実現しようとしていることは明らかです。

想像／創造された共同体

しかし、それはあくまでも、世界経済の中での「広域国家」でしかありません。他の地域でも同じことが起こっています。むしろ、今日顕著なのは、中国、インド、イスラーム圏、ロシアなど、近代の世界システムにおいて周辺部におかれてきた旧来の「世界帝国」が再登場したことです。どの地域でも、国民国家は旧来の世界帝国から分節されてできたものですから、一方で、「文明」の共同性をもつと同様に、分裂と抗争の生々しい過去をもっています。にもかかわらず、諸国家がネーションとしてのそれぞれの記憶を括弧に入れ、自らの主権を大幅に制限して共同体を結成するとしたら、彼らが現在の世界資本主義の圧力のほうを切実に感じているからです。

ルナンはネーションが形成されるためには歴史の忘却が必要だと述べましたが、同じことが広域国家の形成についてもいえます。つまり、それらもまた「想像された共同体」あるいは「創造された共同体」にほかならないのです。

3　マルチチュードの限界

マルチチュードとは何か

資本主義がどんなにグローバルに浸透しようと、国家は消滅しません。それは商品交換の原理とは別の原理に立っているからです。たとえば、一九世紀のイギリスの自由主義者は「安い政府」を唱えましたが、実際に、イギリスの「自由主義的帝国主義」を支えたのは、強大な軍事力であり世界最大の課税でした。それは今日のアメリカの「ネオリベラリズム」についても同じです。リバタリアンやアナルコキャピタリストは、資本主義が国家を解体するかのように考えているのですが、そんなことは絶対にありません。

ところで、ネグリとハートは「帝国」(世界市場)の下で国民国家は実質的に消滅し、それに対して、「マルチチュード」が対抗するだろうという見通しを語ります。マルチチュードとは、労働者階級だけでなく、マイノリティ、移民、先住民その他の多様な人間集団、いわば有《う》象《ぞう》無《む》象《ぞう》という意味のようです。しかしこれは一八四〇年代にマルクスがもっていた認識、つまり、世界は資本家とプロレタリアという二大階級の決戦になるといった予言と類似するものです。実際、ネグリとハートは、マルクスのいうプロレタリアが労働者階級という狭い意味に限定されないということ、それは彼らのいう「マルチチュード」に近いことを強調しているのです。

しかし、ネグリとハートは、スピノザからマルチチュードという概念を引き出したというのですが、それは強引な読みかえです。というのは、マルチチュードはもともとホッブズが使った言葉であり、それは自然状態にある多数の個人を意味します。個々人が各自の自然権を国家に譲渡し、マルチチュードの状態を脱することによって、市民あるいは国民になるわけです。

その点で、スピノザも同じ意見です。ただ、ホッブズよりも国家に譲渡しなくてもよい自然権を広く認めたということが違うだけで、スピノザもまたマルチチュードを肯定していないし、それに期待もしていない。

国家論の不在

だから、ネグリとハートの考え方は、実際は、プルードンがいったように、深層の「真実社会」——そこには多数的・創造的な民主主義がある——という考えに近い。いいかえれば、これはアナキズムです。そのことは、彼らがプルードンに一切言及しないで、スピノザやマルクスについて語るとしても明白です。

先に述べたように、マルクスはプルードンの影響を受けて、諸国家を超えてその基底に存するような「市民社会」を想定しました。そして、そこにおけるプロレタリアの自己疎外の廃棄＝絶対的民主主義の実現が、グローバルな国家と資本の揚棄になるだろうというヴィジョンを描いたわけです。ここで、プロレタリアのかわりにマルチチュードといえば、ネグリとハートの考えになります。彼らは要するに、プロレタリアによる同時的世界革命のかわりに、マルチチュードによる同時的世界革命を唱えているわけです。

ネグリとハートは、「現代の地政学に関する議論のほとんどは、グローバル秩序を維持するためには二つの戦略——単独行動主義か多国間協調主義か——のいずれかしかないことを前提としている」という(『マルチチュード』)。「単独行動主義」(unilateralism)とは、冷戦後のアメリカの立場であって、「それまでの敵‐味方の境界を規定し直し、世界全体を統制する単一のネットワークを組織しはじめた」(同前)。それに対して、「多国間協調主義」(multilateralism)とは、アメリカを批判するヨーロッパ、あるいは国連の立場です。ネグリとハートは、これらはいずれも無効であるという。《マルチチュードこそが困難に立ち向かい、世界を民主主義的に構成する新しい枠組みをうみださなければならない》(同前)。《マルチチュードがついに自らを統治する能力を手にするときにこそ、民主主義は可能になるのだ》(同前)。

これは、マルチチュードの自己疎外としてある諸国家は、マルチチュードが自己統治することによって揚棄されるだろう、というアナキズムの論理です。ここでは、国家の自立性が無視されています。こうしたマルチチュードの反乱は、国家の揚棄よりも、国家の強化に帰結するほかないでしょう。

私は先にこう述べました。マルクスが国家主義的であったことが、国家主義的な独裁体制をもたらしたのではない。むしろ、国家が簡単に死滅するだろうという見方が、それをもたらしたのだ、と。あるいは、国家をその内部だけで考える見方が、それをもたらしたのだ、と。ゆえに、われわれはこの種のアナキズムに対して警戒すべきなのです。

4　世界共和国へ

覇権国家を求めるヘーゲル

ここで「単独行動主義か多国間協調主義か」という問題を、あらためて考えてみる必要があると思います。実は、この問題はヘーゲルとカントの思考に遡ることができるのです。私はすでに、カントが永遠平和のために、国際連合を構想したことについて述べましたが、それを最初に嘲笑的に批判したのがヘーゲルです。国際連合が機能するためには、規約に違反した国を処罰する実力をもった国家がなければならない。つまり、覇権国家がないかぎり平和はありえない、というのです。

ヘーゲルの考えでは、世界史は諸国家が相争う舞台です。世界史的理念はヘゲモニーをもった国家によって実現される。ただし、国家はそれ自身の利益を追求してもいいのです。たとえば、ナポレオンがそうであったように、一主権者あるいは一国家の権力意志が、結果的に、世界史的な理念を実現する。そこに「理性の狡知《こうち》」があるというのです。

こうしてみると、単独行動主義をとるアメリカの論理が、ホッブズではなく、ヘーゲルであるということは明らかです。つまり、アメリカはそれ自身の利益と覇権を追求することによって、世界史的理念を実現するのです。ネオコン(新保守主義)のイデオローグは国連に依拠するヨーロッパを批判したとき、それを「古いカント的理想主義」としてやっつけたのですが、そのとき自分たちは「古いヘーゲル」にもとづいていることに気づかなかったのでしょう。

カント的理念の実現

さらに、彼らがわかっていないのは、カントがこうした「理想主義」を甘い観点から唱えたのではないということです。彼はむしろホッブズと同様の見方をしていました。つまり、人間の本性(自然)には「反社会的社会性」があり、それをとりのぞくことはできないと考えていた。しかし、これは個々の人間というよりも、むしろ国家の本性というべきものです。カントが永遠平和のための国家連合を構想したのは、そのような国家の本性を消すことはできないという前提に立ってです。しかも、彼は、国家連合が人間の理性や道徳性によって実現されるとはまったく考えなかったのです。それをもたらすのは、人間の「反社会的社会性」、いいかえれば、戦争だと、カントは考えたのです。

このような考えは、ヘーゲルの「理性の狡知」に対して、「自然の狡知」と呼ばれます。実際、カントがいったことは「自然の狡知」を通して実現されたというほかありません。一九世紀を通じて支配的であったのは、ヘーゲルのような考え方です。つまり、「世界史的な国家」たらんとする大国の覇権争いが続いたわけです。その結果が第一次大戦です。しかし、それがカントの平和論を甦らせた。すなわち、カントの理念にもとづいて国際連盟が形成されたのです。これは大国アメリカが批准しなかったため無力で、第二次大戦を防ぐことができなかったとはいえ、人類史においては初めての偉大な達成です。しかし、これは世界大戦を通して、つまり「自然の狡知」によって達成されたのです。

第二次大戦後に結成された国際連合は、国際連盟の挫折の反省に立っていますが、やはり無力です。国連はそれを通して有力な諸国家が自己の目的を実現する手段でしかない、という批判があり、また、国連は独自の軍事組織をもたないため、軍事力をもった有力な国家に依拠するほかない、という実情があります。そして、国連への批判はいつもカントに対するヘーゲルの批判に帰着する。すなわち、国連によって国際紛争を解決しようとする考えは「カント的理想主義」にすぎないといわれるのです。

しかし、カントの考えは、たんに、単独行動主義に対する多国間協調主義のようなものではありません。国際連盟や国際連合がカントの「国家連盟」の構想にもとづくのは確かですが、彼は別にそのようなものを目標としていたのではなかった。彼がそれを提起したのは、現実主義的な妥協案としてにすぎません。

互いに関係しあう諸国家にとって、ただ戦争しかない無法な状態から脱出するためには、理性によるかぎり次の方策しかない。すなわち、国家も個々の人間と同じように、その未開な（無法な）自由を捨てて公的な強制法に順応し、そして一つの（もっともたえず増大しつつある）諸民族合一国家（civitas gentium）を形成して、この国家がついには地上のあらゆる民族を包括するようにさせる、という方策しかない。だが、彼らは、彼らがもっている国際法の考えにしたがって、この方策をとることをまったく欲しないし、そこで一般命題として in thesi 正しいことを、具体的な適用面では in hypothesi 斥けるから、一つの世界共和国という積極的理念のかわりに（もしすべてが失われてはならないとすれば）、戦争を防止し、持続しながらたえず拡大する連合という消極的な代替物のみが、法を嫌う好戦的な傾向の流れを阻止できるのである。（『永遠平和のために』、宇都宮芳明訳）

世界共和国

彼の理念は窮極的に、各国が主権を放棄することによって形成される世界共和国にあります。それ以外に、国家間の自然状態（敵対状態）が解消されることはありえないし、したがって、それ以外に国家が揚棄されることはありえません。一国の中だけで、国家を揚棄するということは不可能です。

この意味で、カントの平和論は、国際法や国際政治の問題に還元されるようなものではない。世界共和国はカントの歴史哲学の根幹に存するのです。というのも、彼は、『世界公民的見地における一般史の構想』（一七八四年）において、世界共和国の形成を人類史が到達すべき理念として論じているからです。

人類の歴史を全体として考察すると、自然がその隠微な計画を遂行する過程と見なすことができる、ところでこの場合に自然の計画というのは、——各国家をして国内的に完全であるばかりでなく、更にこの目的のために対外的にも完全であるような国家組織を設定するということにほかならない、このような組織こそ自然が、人類に内在する一切の自然的素質を剰すところなく開展し得る唯一の状態だからである（第八命題）。自然の計画の旨とするところは、全人類のなかに完全な公民的連合を形成せしめるにある。かかる計画にそって一般世界史をあらわそうとする試みは、可能であるばかりでなく、また自然のかかる意図の実現を促進する企てと見なさざるをえない（第九命題）。

（「世界公民的見地における一般史の構想」、篠田英雄訳）

カントがいう「自然の隠微な計画」はけっして美しいものではありません。それは人間の善意によってよりも、むしろ悪意や攻撃性を通して実現されるからです。その意味で、われわれはどんな悲惨な状態にあっても、絶望する必要はないということになります。しかし、たとえ窮極的に「自然の狡知」が働くとしても、われわれはこのまま座視してよいわけではない。人類にとって致命的なカタストロフがおこる前に、われわれはカント自身がそうしたように、実現可能なところから始めるほかないのです。

人類の課題と世界共和国への道

人類はいま、緊急に解決せねばならない課題に直面しています。それは次の三つに集約できます。

1　戦争
2　環境破壊
3　経済的格差

これらは切り離せない問題です。ここに、人間と自然との関係、人間と人間の関係が集約されているからです。そして、これらは国家と資本の問題に帰着します。国家と資本を統御しないならば、われわれはこのまま、破局への道をたどるほかありません。

これらは、一国単位では考えることができない問題です。実際、そのために、グローバルな非国家組織やネットワークが数多く作り出されています。しかし、それが有効に機能しないのは、結局は、諸国家の妨害に出会うからです。資本に対抗する各国の運動は、つねに国家によって分断されてしまいます。

では、どのように国家に対抗すればよいのでしょうか。その内部から否定していくだけでは、国家を揚棄することはできない。国家は他の国家に対して存在するからです。われわれに可能なのは、各国で軍事的主権を徐々に国際連合に譲渡するように働きかけ、それによって国際連合を強化・再編成するということです。たとえば、日本の憲法第九条における戦争放棄とは、軍事的主権を国際連合に譲渡するものです。各国でこのように主権の放棄がなされる以外に、諸国家を揚棄する方法はありません。

各国における「下から」の運動は、諸国家を「上から」封じこめることによってのみ、分断をまぬかれます。「下から」と「上から」の運動の連係によって、新たな交換様式にもとづくグローバル・コミュニティ(アソシエーション)が徐々に実現される。もちろん、その実現は容易ではないが、けっして絶望的ではありません。少なくとも、その道筋だけははっきりしているからです。

あとがき

私は二〇〇一年に、『トランスクリティーク——カントとマルクス』という著書で、資本、国家、ネーションを三つの基礎的な交換様式から見、さらに、それらを超える可能性を第四の交換様式(アソシエーション)に見いだすというような考えを提示した。しかし、それは萌芽的で不十分なものであったから、以来、私はそれをもっと緻密に練り直した続編を書こうとしてきた。そして、それはほぼできあがっている。

ただ私の不満は、それが専門家にしか通じないような著作だという点にあった。このような仕事をするかたわら、いつも私は自分の考えの核心を、普通の読者が読んで理解できるようなものにしたいと望んでいた。というのも、私の考えていることは、アカデミックであるよりも、緊急かつ切実な問題にかかわっているからだ。

岩波書店の新書編集部から新書執筆の依頼があったとき、私は、それまで書いていたことをコンパクトにわかりやすくまとめてはどうか、と思った。そして、できあがったのが本書である。だから、本書では、学説史や歴史的な背景その他については簡単にしか触れていない。詳細については、『トランスクリティーク』やその続編などの著作を参照していただきたい。

最後に、本書を執筆する間お世話になった小田野耕明氏に感謝する。

二〇〇六年二月二日　於尼崎

柄谷行人

柄谷行人

1941年生まれ．思想家
著書―『定本 柄谷行人集』(全5巻)
『世界史の構造』
『定本 柄谷行人文学論集』
『憲法の無意識』
『世界史の実験』
『哲学の起源』
『力と交換様式』(以上，岩波書店)ほか多数

世界共和国へ
―資本＝ネーション＝国家を超えて　岩波新書(新赤版)1001

2006年4月20日　第1刷発行
2024年5月15日　第16刷発行

著　者　柄谷行人《からたにこうじん》

発行者　坂本政謙

発行所　株式会社 岩波書店
〒101-8002 東京都千代田区一ツ橋2-5-5
案内 03-5210-4000　営業部 03-5210-4111
https://www.iwanami.co.jp/

新書編集部 03-5210-4054
https://www.iwanami.co.jp/sin/

印刷・三秀舎　カバー・半七印刷　製本・中永製本

ISBN 978-4-00-431001-3　　Printed in Japan

岩波新書新赤版一〇〇〇点に際して

ひとつの時代が終わったと言われて久しい。だが、その先にいかなる時代を展望するのか、私たちはその輪郭すら描きえていない。二〇世紀から持ち越した課題の多くは、未だ解決の緒を見つけることのできないままであり、二一世紀が新たに招きよせた問題も少なくない。グローバル資本主義の浸透、憎悪の連鎖、暴力の応酬――世界は混沌として深い不安の只中にある。

現代社会においては変化が常態となり、速さと新しさに絶対的な価値が与えられた。消費社会の深化と情報技術の革命は、種々の境界を無くし、人々の生活やコミュニケーションの様式を根底から変容させてきた。ライフスタイルは多様化し、一面では個人の生き方をそれぞれが選びとる時代が始まっている。同時に、新たな格差が生まれ、様々な次元での亀裂や分断が深まっている。社会や歴史に対する意識が揺らぎ、普遍的な理念に対する根本的な懐疑や、現実を変えることへの無力感がひそかに根を張りつつある。そして生きることに誰もが困難を覚える時代が到来している。

しかし、日常生活のそれぞれの場で、自由と民主主義を獲得し実践することを通じて、私たち自身がそうした閉塞を乗り超え、希望の時代の幕開けを告げてゆくことは不可能ではあるまい。そのために、いま求められていること――それは、個と個の間で開かれた対話を積み重ねながら、人間らしく生きることの条件について一人ひとりが粘り強く思考することではないか。その営みの糧となるものが、教養に外ならないと私たちは考える。歴史とは何か、よく生きるとはいかなることか、世界そして人間はどこへ向かうべきなのか――こうした根源的な問いとの格闘が、文化と知の厚みを作り出し、個人と社会を支える基盤としての教養となった。まさにそのような教養への道案内こそ、岩波新書が創刊以来、追求してきたことである。

岩波新書は、日中戦争下の一九三八年一一月に赤版として創刊された。創刊の辞は、道義の精神に則らない日本の行動を憂慮し、批判的精神と良心的行動の欠如を戒めつつ、現代人の現代的教養を刊行の目的とする、と謳っている。以後、青版、黄版、新赤版と装いを改めながら、合計二五〇〇点余りを世に問うてきた。そして、いままた新赤版が一〇〇〇点を迎えたのを機に、人間の理性と良心への信頼を再確認し、それに裏打ちされた文化を培っていく決意を込めて、新しい装丁のもとに再出発したいと思う。一冊一冊から吹き出す新風が一人でも多くの読者の許に届くこと、そして希望ある時代への想像力を豊かにかき立てることを切に願う。

（二〇〇六年四月）

岩波新書より

社会

女性不況サバイバル　竹信三恵子
パリの音楽サロン　青柳いづみこ
持続可能な発展の話　宮永健太郎
皮革とブランド 変化するファッション倫理　西村祐子
動物がくれる力 教育、福祉、そして人生　大塚敦子
政治と宗教　島薗進編
超デジタル世界　西垣通
現代カタストロフ論　金子勝／児玉龍彦
「移民国家」としての日本　宮島喬
迫りくる核リスク 〈核抑止〉を解体する　吉田文彦
記者がひもとく「少年」事件史　川名壮志
中国のデジタルイノベーション　小池政就
これからの住まい　川崎直宏
検察審査会　デイビッド・T・ジョンソン／平山真理／福来寛

ドキュメント〈アメリカ世〉の沖縄　宮城修
東京大空襲の戦後史　栗原俊雄
土地は誰のものか　五十嵐敬喜
民俗学入門　菊地暁
企業と経済を読み解く小説50　佐高信
視覚化する味覚　久野愛
ロボットと人間 人とは何か　石黒浩
ジョブ型雇用社会とは何か　濱口桂一郎
法医学者の使命「人の死を生かす」ために　吉田謙一
異文化コミュニケーション学　鳥飼玖美子
モダン語の世界へ　山室信一
時代を撃つノンフィクション100　佐高信
労働組合とは何か　木下武男
プライバシーという権利　宮下紘
地域衰退　宮崎雅人
江戸問答　田中優子／松岡正剛

広島平和記念資料館は問いかける　志賀賢治
コロナ後の世界を生きる　村上陽一郎編
リスクの正体　神里達博
紫外線の社会史　金凡性
「勤労青年」の教養文化史　福間良明
5G 次世代移動通信規格の可能性　森川博之
客室乗務員の誕生　山口誠
「孤独な育児」のない社会へ　榊原智子
放送の自由　川端和治
社会保障再考〈地域〉で支える　菊池馨実
生きのびるマンション　山岡淳一郎
虐待死 なぜ起きるのか、どう防ぐか　川崎二三彦
平成時代◆　吉見俊哉
バブル経済事件の深層　奥山俊宏／村山治
日本をどのような国にするか　丹羽宇一郎
なぜ働き続けられない？ 社会と自分の力学　鹿嶋敬
物流危機は終わらない　首藤若菜